JUSTIN BIEBER

Chas Newkey-Burden

JUSTIN BIEBER

Uma biografia não autorizada

TRADUÇÃO
JÚLIO DE ANDRADE FILHO

PRUMO
retratos

Título original: *Justin Bieber - The Unauthorized Biography*

Editora
Luciana Paixão

Editor assistente
Thiago Mlaker

Preparação de texto
Rebecca Villas-Bôas Cavalcanti

Revisão
Mariana Varella
Rosamaria Gaspar Affonso

Criação e produção gráfica
Thiago Sousa

Assistentes de criação
Marcos Gubiotti
Juliana Ida

Imagem de capa: Gabrielle Revere/Contour by Getty Images
Projeto gráfico de capa: Ana Bjezancevic

CIP-Brasil. Catalogação na fonte
Sindicato Nacional dos Editores de Livros, RJ

N457j Newkey-Burden, Chas
Justin Bieber : uma biografia não autorizada / Chas Newkey-Burden ; tradução Júlio de Andrade Filho. - São Paulo : Prumo, 2010.

Tradução de: Justin Bieber : the unauthorized biography
Inclui bibliografia
ISBN 978-85-7927-107-6

1. Bieber, Justin, 1994-. 2. Cantores - Canadá - Biografia. I. Título.

10-4688. CDD: 927.8164
CDU: 929:78.067.26

Direitos de edição para o Brasil: Editora Prumo Ltda.
Rua Júlio Diniz, 56 - 5º andar – São Paulo/SP – CEP: 04547-090
Tel.: (11) 3729-0244 - Fax: (11) 3045-4100
E-mail: contato@editoraprumo.com.br
Site: www.editoraprumo.com.br

Sumário

Justin Bieber em números

0,27% é a porcentagem de menções a Justin entre todos os tweets já postados.

2 é a quantidade de minutos, segundo se diz, que Justin levou para resolver o cubo mágico.

3 é o total de minutos que Justin levou, certa vez, para autogafar cinquenta pôsteres.

5 minutos é o tempo que Justin leva para arrumar o cabelo de manhã.

6 é o número favorito de Justin.

10 são os países em que *My world* ficou entre as Top 30.

12 anos era a idade de Justin quando ele participou do concurso Stratford Idol.

13 anos foi a idade com que Justin começou a namorar.

2007 foi o ano em que Justin abriu sua conta no YouTube.

3.755 é o número de tweets que Justin havia postado até junho de 2010.

30.461 habitantes é a população de Stratford, no Canadá, onde Justin foi criado.

1,5 milhão e continue contando... Esse era o número de tweets sobre o álbum de estreia de Justin, em junho de 2010.

18,1 milhões foi o número de tweets que mencionavam Justin Bieber no mesmo período.

23,7 milhões é o número de tweets com a palavra "Bieber" nos primeiros seis meses de 2010.

Introdução

Em abril de 2010, Justin Bieber fez um show ao vivo para 30 mil fãs na capital dos Estados Unidos, Washington. Para um garoto de 16 anos, foi um feito impressionante por si só – mas, em se tratando de Justin, as coisas ficam ainda mais impressionantes. Esse show aconteceu nas dependências da Casa Branca, e entre as 30 mil pessoas da plateia estava o casal que mora ali, nada mais nada menos do que o presidente Barack Obama e a primeira-dama, Michelle. Ela foi vista dando uma dançadinha ao som das músicas do rapaz, e o mais incrível é que aquela foi a segunda vez em que Justin cantou para ela e para o presidente! O local escolhido para a apresentação – o centro de poder de uma superpotência mundial – até que foi apropriado, porque Justin se tornou uma superpotência no mundo pop nos últimos anos.

Ele agora tem milhões de fãs em todo o planeta, mas descrever seus devotos como "fãs" é uma forma suave de encarar as coisas: a devoção por Justin vai muito além de um grupo "normal" de aficionados. O turbilhão de louca excitação que o persegue por onde quer que ele vá é conhecido como "biebermania". Justin vive isso pelo mundo todo: seja uma caravana de fãs na Austrália até cenas de histeria coletiva em Paris, Nova Zelândia e Nova York – e em todos os outros lugares por onde ele passa.

Assim que a notícia de que Justin está chegando a um país é divulgada, multidões de jovens correm ao aeroporto para recebê-lo. Os lugares podem ser diferentes, mas as cenas são sempre as mesmas: milhares de *beliebers* chorando, gritando e se acotovelando para chegar perto dele. Os jovens ofegantes criaram sua própria linguagem, por meio da qual expressam sua devoção: "OMB" significa "Oh, my Bieber"; "belieber" é o garoto ou a menina que "acredita em Justin" (de *believe*, acreditar em inglês); "bieberholic" é alguém que, como o próprio Justin explicou, "ficou viciado em Bieb".

Ao mesmo tempo em que sua fama e popularidade aumentam, Justin deve certamente olhar para trás e se lembrar de como tudo começou: com uma simples conta no YouTube, para onde ele e sua mãe enviaram os vídeos dele cantando. No começo, tudo que eles esperavam era que os vídeos fossem assistidos por parentes e alguns poucos amigos. Mas, no momento em que fizeram o upload do primeiro vídeo, em 19 de janeiro de 2007, desencadearam uma sucessão de eventos que rapidamente fizeram Justin se tornar uma das pessoas mais famosas do mundo.

O destino por fim tirou o garoto e sua mãe da existência modesta em uma cidadezinha do Canadá e os levou para o coração da indústria da música nos Estados Unidos. Foi lá que o chefão da gravadora, entusiasmado, contratou Justin, acreditando ter encontrado uma estrela que faria tanto sucesso quanto um dia fizeram Elvis Presley, os Beatles e Michael Jackson.

A verdade é que Justin nunca se esqueceu de onde veio – e nem nós. É tentador olhar para ele agora e pensar "como esse cara é sortudo!". Seu estilo de vida atual é mesmo de causar inveja, mas, antes que o destino lhe desse uma mãozinha e trouxesse toda a fama, sucesso e fortuna, trouxe também alguns obstáculos difíceis, e até mesmo dolorosos, que tiveram que ser superados. A incrível história de vida de Justin tem sido uma verdadeira montanha-russa, cheia de altos e baixos. Parece até coisa de cinema, um enredo daqueles blockbusters dramáticos.

Bem, é melhor começar bem lá do início...

1

Nasce uma estrela

Justin Drew Bieber nasceu ao meio-dia e 56 minutos, quase uma da tarde, no dia 1º de março de 1994, em London, no Canadá. Foi criado numa cidadezinha chamada Stratford, na província de Ontário. Justin descreve Stratford como "um lugar com 30 mil habitantes no meio do nada", e diz que "de lá nunca saiu nada que prestasse". Bem, acho que os fãs ao redor do mundo não concordam com essa última frase – e eu poderia acrescentar mais alguns moradores de Stratford a essa lista... Aqueles que tiveram interesse em estudar a história do Canadá poderiam argumentar que *outras* pessoas famosas já viveram em Stratford além de Justin, incluindo Thomas Edison – o homem que inventou a lâmpada elétrica. Mas, para milhões e milhões de meninas, a única pessoa daquela cidade que realmente tem alguma importância é Justin Bieber.

Mas como é o lugar onde ele cresceu? Stratford é charmosa e tranquila na maior parte do tempo, e foi eleita a "cidade mais bonita do mundo" em 1997, quando Justin tinha três anos de idade. Seu nome foi inspirado em Stratford-upon-Avon, cidade muito famosa por ter sido a terra natal do famoso dramaturgo William Shakespeare. A homônima canadense tem um orgulho justo de manter essa conexão, por isso sedia um festival shakespeariano todos os anos. Justin fazia performances em frente a um dos teatros quando criança.

Assim como a cidade em que Justin nasceu tem o mesmo nome da capital da Inglaterra, algumas das ruas e rios de Stratford foram batizadas com nomes de localidades inglesas. Justin e muitos outros habitantes ficavam encantados com os cisnes negros e brancos que deslizavam graciosamente ao longo do rio Avon (que, continuando com a tradição de manter nomes ingleses, originalmente se chamava Tâmisa). Perto desse rio havia um esplêndido parque que maravilhava o garoto com sua beleza.

Os pais de Justin, Jeremy e Pattie, ficaram extasiados com o nascimento do filho, um bebê miúdo, mas muito saudável. Eles o adoravam e se mostravam imensamente orgulhosos do garotinho. Como a maioria daqueles que acabam de ser pais, os dois discutiam o tempo todo sobre com qual dos pais Justin mais se parecia. A verdade é que o filho herdou uma mistura das características de ambos: os olhos e o nariz lembravam o pai, mas os lábios eram praticamente iguais aos da mãe.

Infelizmente, o casamento começou a ruir nos anos seguintes ao nascimento de Justin e não demorou muito para que os pais se divorciassem. Jeremy se mudou para Winnipeg, na província canadense de Manitoba, e Pattie permaneceu com o filho em Stratford, cidade onde havia sido criada. Ela voltou a usar o nome de solteira e desde então passou a ser chamada de Pattie Mallette, permitindo que Justin continuasse a usar o sobrenome do pai, Bieber.

A família nunca foi rica. Assim que se viu só, Pattie enfrentou uma luta bastante dura para sobreviver. Ela e o filho moravam num dos bairros mais pobres de Stratford. Os tempos podiam ser difíceis, mas Justin era uma criança muito doce. Quaisquer que fossem os problemas financeiros da mãe, ele nunca deixou de demonstrar gratidão e amor por ela.

Relembrando esse tempo em uma entrevista para a revista semanal *Maclean's*, do Canadá, Justin se esforçou para pintar um retrato fiel de sua infância: "Quero dizer que algumas pessoas podem ter interpretado as coisas um pouco erradas", disse. "A gente não era pobre. Eu não penso em mim como um cara que não tivesse um monte de dinheiro. Mas a verdade é que eu não tinha *mesmo* muito dinheiro. Muitas vezes não dava para comprar roupas novas, mas eu tinha um teto. Fui um garoto muito sortudo. Eu tinha meus avós, a gente sempre se via, eles sempre foram muito legais comigo. Então eu fui crescendo e recebendo tudo aquilo que queria."

Pattie amava o filho e desejava o melhor da vida para ele. Profundamente religiosa, rezava todos os dias, pedindo a Deus que seu filho fosse uma pessoa bem-sucedida. Ela levava o filho à igreja quase todos os fins de semana, e Justin rapidamente se tornou consciente daquele sentido de pertencimento que os fiéis costumam encontrar. Vinha de uma família pequena, de duas pessoas, mas, assim que pisou na igreja da cidade, descobriu uma família muito maior naquela congregação, e isso lhe trouxe o calor e a estabilidade emocional de que tanto precisava. O mesmo aconteceu com sua mãe, que descobriu que poderia fazer mais com essa ajuda do que sozinha.

Justin amava a música que acompanhava os serviços religiosos. Pattie cantava em uma banda da igreja, e o menino ficava fascinado com os hinos alegres e as lindas melodias que ressoavam pelo local. A mãe de Justin também sonhara se realizar de outras maneiras. Quando criança, ela tivera a ambição de ser atriz, mas essas aspirações foram colocadas de lado quando se viu grávida e, mais tarde, divorciada e com um filho para criar.

Pattie se lembra bem de sua verdadeira luta para manter ambos alimentados, abrigados e vestidos: "A gente vivia muito mal", disse ela uma vez, de certa forma contestando as lembranças de Justin. "Tínhamos um teto debaixo do qual podíamos dormir, e tínhamos o que comer, mas a luta era constante." Era preciso trabalhar duro para poder manter essa condição mínima de sobrevivência. "Eu tinha dois empregos, e os salários, somados, davam mal e mal para as despesas. Mas o essencial estava garantido."

De vez em quando os pais de Pattie, Diane e Bruce Dale, contribuíam com algum dinheiro, mas o apoio moral dos dois era constante. Diane trabalhava para a prefeitura de Stratford como zeladora desde que se aposentara.

Justin tinha alguém que o acompanhou desde cedo, Chad Ritter, um cara que acabou sendo como um "irmão mais velho extraoficial" para o menino. Ritter tornou-se amigo de Pattie quando Justin era criança, por isso esteve perto da futura sensação do pop durante seus anos de formação. Ritter viajava até Stratford nos finais de semana para ajudar a entreter Justin.

Eles iam jogar boliche ou Laser Quest, um jogo de ação praticado no Canadá com armas a laser. Foi um período de muita diversão para ambos. Ritter disse que Justin era "um comediante, um brincalhão, era na verdade um palhaço. Ele adora provocar uma reação, adora bagunçar".

Esse "irmão mais velho" descreveu a vida humilde de Justin e sua mãe: "Eles moravam num apartamento de dois quartos no subsolo, num grande condomínio da periferia de Stratford", disse Ritter. "A mãe de Justin lutava o tempo todo. Ela não tinha emprego fixo e nem sempre conseguia dar as coisas para Justin." Entretanto, Ritter afirma que isso acabou sendo, em certo sentido, uma vantagem para o menino. "A situação difícil sem dúvida ajudou Justin a amadurecer mais rápido, porque ele começou do zero. É muito difícil fazer um garoto de classe média ter responsabilidade ou fazer o que ele faz."

De alguma forma, Pattie e Justin conseguiram se virar, mas eles raramente tinham algum conforto, para dizer o mínimo: "Eu não cresci com um monte de dinheiro," relembra Justin. "A gente nunca teve uma casa." Embora hoje esteja plenamente consciente de que ambos viviam na base da pirâmide da riqueza, Justin fala com carinho de seus primeiros anos, que descreve como "uma vida bem normal, de uma criança como qualquer outra". Mas parece que ele havia sido predestinado, desde o começo, a ser alguém bem distante do normal ou do comum. As orações diárias de Pattie pediam que o filho se tornasse um dia uma versão moderna do profeta bíblico Samuel, que havia sido a voz de sua época. Ela esperava até mesmo que Justin se tornasse um pastor de jovens, ou que fosse contratado por alguma gravadora cristã.

Logo após o nascimento, Justin começou a mostrar que seu futuro seria ligado de algum modo à música. Tudo começou durante as manhãs de domingo na igreja. "Eu morria de vontade de tocar órgão na igreja, esse tipo de coisa", Justin lembra. "As pessoas me mostravam como faziam aquelas coisas e eu tentava repetir. É que eu gostava de música, eu tinha mesmo paixão por música." Aquela paixão parecia destinada a ser realizada desde o início.

No dia em que Justin nasceu, as paradas eram dominadas pela diva Mariah Carey. Ela era a número 1 nas paradas da Inglaterra, tanto de álbuns quanto de singles. O ano de 1994 foi importante, com diversos eventos mundiais de grande repercussão. Nelson Mandela se tornou o primeiro líder negro da África do Sul; um terremoto enorme atingiu Los Angeles, matando 20 pessoas; o túnel sob o Canal da Mancha foi inaugurado, ligando a Grã-Bretanha à França. No mundo do show business, um dos principais fatos do ano foi o casamento de Michael Jackson com Lisa Marie, filha da lenda do rock Elvis Presley.

Claro que Justin era um bebê quando todos esses eventos aconteceram, mas, à medida que sua paixão pela música crescia nos anos seguintes, ele se tornaria mais um admirador da obra de Michael Jackson, que exerceu um impacto marcante sobre o menino. Dois de seus discos favoritos são *Thriller* e *Bad*, que Jackson havia lançado nos anos 1980, antes mesmo de Justin ter nascido. Ambos os álbuns são clássicos pop que continuam muito populares, inclusive entre pessoas que nem eram nascidas quando eles foram lançados. A soma das vendas ultrapassa 100 milhões de cópias – entre elas as compradas por Justin, que adora a emoção de adquirir um novo álbum.

Algumas pessoas comparam o início da carreira de Jackson aos primeiros passos de Justin no meio artístico. Certamente a tenra idade com que ambos ficaram famosos significa que existem algumas semelhanças. Mas a verdade é que Justin ficou conhecido na adolescência, enquanto Jackson tinha apenas 11 anos quando o Jackson Five lançou o primeiro single, em 1968. Justin tinha 15 anos quando sua primeira música foi divulgada – exagerando um pouco, ele já era um velhinho!

Mas os reflexos da obra de Jackson sobre o garoto foram enormes. "Seu passado exerceu grande influência em mim", disse Justin, rejeitando a ideia de que é muito jovem para entender o legado de Jackson. "É claro que eu compreendo. Cresci ouvindo Michael Jackson o tempo todo. Minha mãe ouvia seus discos e eu assistia aos seus clipes no YouTube, e ainda continuo assistindo. Entendo o grande artista que ele foi e sei o quanto ele influenciou a música pop." Do mesmo modo que adora as músicas de Jackson, Justin também gosta muito de Stevie Wonder, a lenda da soul music, que começou a carreira na mesma gravadora de Michael Jackson, a Motown.

A primeira música que Justin curtiu foi, segundo suas próprias palavras, "'God is bigger than the boogie man', da série de tevê *VeggieTales*. E, quando eu tinha seis ou sete anos, a música do Boyz II Men 'On bended knee'. Minha mãe tocava o CD o dia inteiro, repetia toda hora, aí eu ia pro quarto e tentava fazer aquelas acrobacias com a voz".

Embora Justin reconheça ter sido inspirado por alguns artistas, inclusive Michael Jackson, ele tem consciência de que sempre procurou se manter fiel a si mesmo e tentar escolher seu próprio caminho. "Havia pessoas em quem eu me espelhava, mas nunca tentei imitar ninguém." E acrescenta: "Mas é lógico que aprendi muito ouvindo Michael Jackson e Boyz II Men".

Uma das músicas favoritas de Justin é "I'll be there", que Jackson gravou lá pelos anos 1970. As doces promessas de lealdade e devoção contidas na letra são praticamente as mesmas que estão em algumas canções do próprio Justin, que toca "I'll be there" maravilhosamente bem na guitarra. No entanto, como já disse uma vez, ele nunca foi fanático por nenhum artista pop quando criança, desses fãs de arrancar os cabelos e rasgar as roupas, e talvez devido a isso não saiba direito como lidar com admiradoras histéricas quando as encontra.

Justin é mais conhecido pela voz doce e suave, mas os fãs bem informados sabem que ele toca muito bem diversos instrumentos. Ele diz que aprendeu a tocar bateria quando tinha dois anos e era capaz, já então – numa idade em que a maioria das crianças ainda está se aperfeiçoando na arte de andar e de falar –, de tocar a batida de quatro toques direitinho. Só que isso não era feito numa bateria de verdade. Ele improvisava, praticando suas batidas em utensílios domésticos, como panelas, frigideiras e almofadas. Quando completou quatro anos, sua mãe, Pattie, impressionada com a habilidade do filho e cansada de vê-lo martelar a mobília, comprou-lhe sua primeira bateria.

Esse instrumento não é barato, mas a igreja que eles frequentavam ajudou na compra. Na verdade, a congregação fez uma campanha de arrecadação de fundos especificamente para ajudar na compra do instrumento. O que os fiéis não sabiam é que estavam financiando o aprendizado de um garoto que, pouco mais de uma década depois, se tornaria uma sensação mundial.

Para se certificar de que Justin não perturbaria os vizinhos com seus ensaios, os avós deixaram que ele guardasse a bateria em seu celeiro e fosse treinar ali, um lugar que causaria menos transtorno. Mas um lugar para ensaiar e guardar a bateria não era a única questão a ser resolvida em relação ao novo passatempo de Justin. Ele é canhoto, e o *kit* havia sido preparado – como a maioria deles – para uma pessoa destra. Para complicar, seus professores (que eram os bateristas da banda da igreja) eram todos destros, o que tornava as lições ainda mais difíceis.

Justin sempre foi muito determinado. Superou esses obstáculos e se tornou um ótimo baterista. Há um vídeo em seu canal no YouTube que mostra que ele já sabia tocar desde muito novinho. Nesse filme, que é bem curto, Justin toca a bateria de um amigo, fazendo solos bem legais e tocando os pratos com as mãos. O mais impressionante é a facilidade com que toca. O vídeo mostra, na verdade, que ele nasceu para isso. Não muito tempo depois, já estava dominando o instrumento, e sua habilidade natural com a música começou a conquistar admiradores.

Quando percebeu sua destreza na bateria, Justin não estava com a mínima vontade de parar de se aprimorar, e começou a aprender sozinho a tocar uma série de outros instrumentos, incluindo violão, piano e trompete. "Acho que se pode dizer que fui abençoado com o talento musical", disse ele.

Justin vem de uma família, digamos, "um pouco inclinada para a música". Sua avó é pianista talentosa e também, segundo ele, "uma grande cantora". Como veremos mais tarde, ela escreveu canções, e uma delas foi incluída nos uploads iniciais do YouTube, que acabaram lançando Justin Bieber ao estrelato.

Seu pai é guitarrista e cantor, mas o primeiro violão do menino foi comprado pela mãe, de segunda mão, quando Justin tinha seis anos. Ela providenciou cordas novas e carinhosamente as colocou no violão antes de entregá-lo ao filho, que obviamente toca com a mão esquerda. Justin ficou enfeitiçado pelo instrumento e compõe um belo retrato quando, ainda bem pequeno, se debruçava por cima do violão para dedilhá-lo.

Ele aprendera sozinho as noções básicas de bateria e seguiu o mesmo caminho autodidata nos primeiros dias com o violão. Não se tratava mesmo um menino comum: a dedicação de Justin era extraordinária. "Ele não nasceu sendo um guitarrista incrível," disse Chad Ritter. "Pegava o violão e trabalhava com ele. Sempre se cobrou muito; acho que já havia esse lado competitivo inato." Justin se concentrava bastante ao dedilhar as cordas e sua atenção ao tocar guitarra continua intensa. "Quando estou tocando guitarra e alguém tenta falar comigo, eu simplesmente desligo", diz ele. Na infância, de vez em quando um amigo de sua mãe vinha até sua casa ensinar o garoto, que captava tudo rapidamente.

Uma das primeiras músicas que ele aprendeu a tocar no violão foi "Wheat kings", de uma banda de rock canadense chamada The Tragically Hip. É uma balada comovente, que fala de um homem injustamente condenado por um crime. Todas as vezes em que Justin se apresentou tocando essa música, inclusive durante as entrevistas de rádio ou para a televisão, ele sempre a executou com graça e muita facilidade.

Mas, afinal, como é que esse talento surgiu tão cedo? "É que eu fui rodeado pela música durante toda a minha vida", disse ele. Justin nunca deixou de ser musical, todos os dias, de manhã até a noite. "Eu adorava cantar em casa," escreveu ele em sua página no MySpace. "Era o tipo de coisa que eu adorava fazer, só isso." Até mesmo enquanto escovava os dentes antes de dormir Justin fazia isso cantando.

"Eu me lembro dele com cinco anos: ouvia alguma coisa no rádio e logo ia para o teclado tentar tirar a música de ouvido", recorda a mãe, orgulhosa. As paredes do seu quarto eram repletas de pôsteres de seus ídolos, entre eles a banda Boyz II Men, cujos membros se conheceram na escola e alcançaram a fama ainda muito jovens, da mesma forma como aconteceria com Justin dali alguns anos. Não que a fama estivesse na mente de Justin naquele tempo; ele estava ocupado demais se divertindo. "Sempre cantei em casa e sempre toquei os instrumentos, mas nunca pensei em ser famoso."

Entretanto, ele tinha, sim, em mente uma possível rota para o estrelato, se bem que no início essa rota estivesse mais inclinada aos esportes do que à música. "Eu vivia cantando, mas era mais por diversão. Eu fazia um monte de coisas diferentes. Praticava esportes... Cantar era só um *hobby*, nunca levei a sério. Nunca tive aulas de canto. E costumava treinar minha assinatura pra quando fosse um astro do hóquei. Acho que, parece, foi assim que aprendi a dar autógrafos."

Seu herói no mundo dos esportes era a estrela canadense de hóquei no gelo Wayne Gretzky, considerado o maior jogador de todos os tempos. "Joguei muito hóquei", disse Justin, falando do tempo em que era pequeno. "Meu foco estava todo no esporte." Como as outras crianças canadenses, Justin gostava de acompanhar os acontecimentos do esporte, como o time local, os Cullitons, e o Toronto Maple Leafs. Depois que se tornou famoso, ele sempre diz que sua carreira alternativa preferida seria jogar hóquei pela Liga Nacional.

Mas há outra profissão que o atrai bastante: "Se eu não fosse artista, seria *chef* de cozinha. Faria um jantar delicioso pra todas essas meninas encantadoras". Se ele tomasse esse caminho, não faltariam candidatas a experimentar seus pratos. Ele também já mencionou uma vontade inicial de se tornar arquiteto. Claramente, não faltam ambições a Justin.

Ele realmente adorava participar de atividades atléticas e esportivas. Justin jogava hóquei e futebol mais na base do entusiasmo do que do talento, e já foi descrito como um jogador "desengonçado". Sua mãe, sempre protetora, foi mais otimista: "Ele sempre foi muito talentoso em praticamente tudo".

Segundo seu avô, as atividades esportivas foram essenciais para Justin, que foi abençoado com um estoque inesgotável de energia: "Ele sempre foi muito ativo. A gente era obrigado a inscrevê-lo nessas coisas o tempo todo. Ele precisava fazer esportes sempre, senão sairia pulando pelas paredes" .

Uma garota que afirma ter feito o jardim de infância com ele lembra-se de Justin como atrevido e hiperativo: "Ela contou que Justin estava sempre em apuros, nunca ficava parado", relembra a avó da menina. "Justin era o palhaço da classe."

No entanto, Justin garante que estudou em casa, "ensinado por sua mãe", entre o jardim de infância e o primeiro grau. Ele admite que era um menino cheio de vida e que gostava de ser o centro das atenções.

Os fluxos de alta intensidade de energia são um atributo quase sempre relacionado aos piscianos, como Justin. Os nascidos nesse signo também são considerados inteiramente conectados ao mundo. Justin alcançou esse estágio com o tempo, mas, quando era pequeno, também sabia apreciar passatempos mais calmos, como o xadrez. Chegou a vencer alguns torneios infantis.

Justin frequentou a escola católica Jeanne Sauvé, na rua Grange, em Stratford. Foi lá que cursou o ensino fundamental. A Jeanne Sauvé é uma escola de imersão francesa na qual a religião representa uma parte importante do currículo. Na verdade, como é apresentado no material promocional da escola, seu método educacional está enraizado "em nossa fé em Jesus Cristo". Durante o tempo em que estudou lá, Justin aprendeu a falar francês fluentemente, e já teve oportunidade de demonstrar essa habilidade durante as entrevistas. Também sabe contar até dez em alemão, ensinado por seu bisavô, que nasceu na Alemanha.

No ensino médio, ele se mudou para a escola pública Stratford Northwestern, na avenida Forman. Seu professor favorito era o sr. Montheith. "Ele me deu muitas chances", lembra Justin. "Eu dava trabalho para os professores, às vezes."

O professor Montheith afirma que Justin era um menino cheio de vida e esforçado: "Uma das coisas que descobri sobre Justin é que não tinha medo. Eu não entendia como ele podia se engajar em tudo, fosse basquete, futebol e, obviamente, música e dança, esse tipo de coisa".

Outra das professoras favoritas era a srta. Brooker, que percebeu seu potencial para a música: "Eu me lembro bem de ter percebido a paixão de Justin por cantar ainda mesmo no 7º ano", diz ela. "Acho que minha matéria favorita era, tipo, inglês", disse Justin. "Pra falar a verdade, eu não gosto *mesmo* de matemática." Apesar de confessar que até gostava bastante de álgebra...

Como a maioria dos garotos, Justin não tirava os olhos das meninas e alega que, mesmo antes de ficar famoso, tinha "um monte delas me perseguindo". Começou a namorar quando tinha 13 anos, e o primeiro beijo rolou mais ou menos na mesma época. Aconteceu em um baile da escola, mas Justin não se lembra do nome da felizarda. O beijo, disse ele, foi "legal": "Apostei com meus amigos que o primeiro a beijar uma menina ia ganhar dez dólares. Mas aí, cara, ninguém beijou ninguém. Eles me disseram: 'Justin, você vai ter que fazer isso!' Eu dancei uma música lenta com a menina e cumpri o combinado".

Justin confirmou que a garota correspondeu, embora, como disse depois, "naquela época eu era apenas mais um daqueles jogadores de hóquei da escola, então tive muita sorte por ela ter correspondido". Eram tempos divertidos, mas as primeiras experiências românticas não foram levadas muito a sério. Ele comenta que seu primeiro namoro não durou muito tempo: "Sabe como é, em um mês a gente terminou. Fiquei com aquela dorzinha de estômago por uns dias, mas logo eu estava legal". Justin se lembra também de ter sido rejeitado por uma menina do colégio: "Foi, sabe, uma daquelas paixões que você tem quando é muito novo", disse ele à *US Weekly*. "Eu a pedi em namoro e ela disse 'não'!"

De fato, algumas de suas experiências nos dias de escola são surpreendentes, levando em conta o ícone teen que ele se tornaria. Com o dinheiro curto em casa, Justin nem sempre podia se vestir com as roupas mais fashion. Tinha que se contentar com o que a mãe conseguia comprar para ele. Então, isso e mais o fato de ser baixinho faziam dele alvo fácil para as chacotas e intimidações. Naturalmente, Justin ficava um pouco chateado. Pattie pediu a um amigo que ele tivesse uma conversa com o filho para ajudá-lo a superar esse problema.

A maneira impressionante como Justin passou de alvo de gozações e bullying a ídolo da música é certamente uma inspiração para aqueles que são provocados de alguma maneira.

Algumas das gozações eram até divertidas e inofensivas. Um de seus melhores amigos aplicou uma pegadinha nele. Justin fez um trabalho para a escola, e parte dele envolvia uma apresentação para a classe. No dia da apresentação, assim que ele se levantou da cadeira, todo mundo começou a rir. No começo, Justin não entendeu o que havia acontecido.

Pouco depois, se deu conta de que o motivo do riso era uma foto constrangedora que o colega havia colado na capa do trabalho. Na hora em que percebeu o que estava rolando, Justin ficou vermelho de vergonha. Mas o futuro astro não ficou magoado, tanto que ele e o gozador continuam amigos até hoje.

Entretanto, ninguém tinha coragem de tirar uma da cara de Justin quando ele estava dançando. Desde muito pequeno ele fazia movimentos impressionantes na dança. Um vídeo curto do menino dançando break aos oito anos de idade prova sua habilidade de dançarino, já demonstrada desde a infância.

A última escola que Justin frequentou foi a Stratford Northwestern, onde ele cursou do 9º ao 12º ano. Ela ficava no mesmo campus da escola pública, e Justin caminhava de lá até a Rotary Arena, em Glastonbury Drive, palco dos jogos de hóquei da liga local. A arena hoje está ofuscada por um estádio novo, o Rotary Complex. E na cidade há dois outros locais onde Justin jogava hóquei e futebol. O primeiro é o William Allman Memorial Arena, em Morenz Drive. Ele jogou em um time nesse edifício histórico e comentou que adorava competir ao lado dos amigos. Justin descobriu que o esporte era uma ótima maneira de se aproximar das pessoas e construir amizades, embora, naturalmente, houvesse tensão entre os jogadores. Ele ainda jogou futebol pelos Stratford Strikers, equipe à qual agradece no encarte de seu primeiro álbum, *My world*. Os jogos ferozes e suados eram disputados nos campos de futebol do Cooper Standard Soccer Fields, em Packham Road.

Justin começou a ser notado quando jogava no nível subonze. Em uma noite de sexta-feira, seu time venceu o Taxandria por oito a quatro. A vitória foi marcante pelo fato de o Taxandria ter saído na frente. A atuação de Justin foi fundamental para a virada da equipe, tanto que ele foi considerado o melhor jogador em campo. Alguns de seus ataques desnortearam a defesa adversária, e ele marcou duas vezes. Não é à toa que manteve o lugar no time mesmo quando cresceu.

Durante uma partida contra outra equipe dos subtreze, chamada London United Fury, Justin esteve no lugar onde mais ansiava estar: no centro das atenções.

Os gols começaram com um tiro livre direto, de 20 metros, disparado por Nolan Murray. Em seguida Justin foi derrubado na área, ganhando para seu time o direito de bater um pênalti. Seu colega Tyler Strawbridge veio nervoso e tomou a frente para bater a penalidade. Felizmente ele marcou e festejou o gol com Justin. Mais tarde, Zach Bandura fez um passe perfeito e Justin, que não cometeu um erro sequer, deu um belo chute, marcando seu gol e dando a vitória aos Strikers.

Ele sempre foi baixinho para sua idade, mas isso nunca o deixou receoso em campo. Contra os London City Titans White, Justin e seu companheiro Ryan Butler foram intimidados pelos adversários, mas continuaram lutando bravamente. Conseguiram deter os oponentes e criar diversas oportunidades de gol para sua equipe. No entanto, não dá para vencer todas – o jogo terminou zero a zero.

JB

Ganhando, perdendo ou empatando, Justin sempre adorou jogar futebol. Foi um tempo feliz para ele e seus companheiros de equipe, e todos criaram laços estreitos. Graças à sua natureza sempre entusiasmada, Justin era popular no time. Depois dos jogos, ele e sua equipe costumavam ir a pé até a sorveteria Scoopers, na rua Erie, para o merecido refresco. Com tantas calorias queimadas nos jogos disputados, havia bastante espaço para sorvete e refrigerantes, que sempre pareciam mais gostosos depois de 70 minutos no campo de futebol.

Mesmo que as partidas os deixassem sem fôlego, Justin logo voltava à forma habitual, fazendo os amigos rirem com suas piadas. Hoje ele pode ser um artista solo, mas naqueles dias mostrava que sabia trabalhar em equipe, tanto dentro quanto fora do campo. "Acho superimportante manter os amigos por perto", diz ele. Hoje em dia, ele se dá superbem com a equipe que o acompanha na estrada – e muitos deles disseram que se consideram uma família.

Quando o tempo estava bom, Justin também curtia brincar na rua. Ele adorava seu skate e treinava duro para melhorar suas habilidades no Stratford Skate Park, que fica à sombra do edifício da YMCA (Associação Cristã de Moços) na rua St. Patrick. Ele e seus amigos passavam ali os dias de sol, comparando suas manobras e competindo, mas sempre numa atmosfera amistosa. Como se pode ver nos vídeos que estão no YouTube e nas fotos publicadas na revista *Teen Vogue*, Justin era um skatista habilidoso. Entre as manobras que ele sabia realizar bem estavam a "360°", o "Ollie" e o "kickflip".

Ele também era sempre visto no prédio da YMCA, já que estava inscrito lá pelo programa de assistência aos jovens. Justin continua aparecendo na associação mesmo depois de ter ficado famoso e de se mudar para os Estados Unidos.

Justin e seus amigos também competiam de outras maneiras em um local chamado Pour House, logo na esquina do parque. Esse lugar havia sido o Sid's Pub, mas agora se transformara em um salão de bilhar, e Justin adorava desafiar os amigos para uma partida. Tinha prazer em vencer, mas levava qualquer resultado na esportiva.

Essa atividade toda fazia de Justin um garoto sempre faminto. Como os seus colegas da escola, ele gostava de parar na Madelyn's Diner, na rua Huron, para tomar o café da manhã antes de ir para a aula. Essa lanchonete é muito popular. Vem gente de longe só para comer seu omelete.

Justin era um rosto bastante familiar em outro estabelecimento chamado Features, pois apreciava muito seu cardápio. O "Paul Bunyan", um dos pratos mais completos servidos no café da manhã, incluía ovos, bacon, torradas com manteiga, panquecas e batata frita. Paul Bunyan era personagem de uma das lendas locais, um lenhador enorme. Somente um gigante como ele poderia detonar aquele prato sem esforço... Para Justin era comida demais.

Na hora do almoço, ele sempre ia ao Subway, na mesma rua Huron. Justin adora os sanduíches e sucos de lá. Hoje em dia, sempre que a agenda permite, ele ainda pede um sanduíche dessa cadeia de fast-food. Às vezes, ele voltava ao Madelyn's Diner de noite com sua mãe, que classificou o restaurante de Madelyn Carty como o favorito na cidade. À noite, o local assume a atmosfera de um típico restaurante americano da década de 1950, com seus hambúrgueres, batatas fritas, rodelas de cebola e milkshakes.

Justin adora macarrão. Um de seus pratos favoritos é espaguete à bolonhesa. De sobremesa, não existe nada melhor para ele do que torta de maçã. Um suco de laranja acompanha sua refeição, seja qual for a hora do dia. Se Justin decidir convidar uma garota para uma noite romântica, provavelmente ele mesmo vai preparar o jantar: "Acho que eu faria uma carne bem suculenta".

Embora tente manter uma dieta saudável sempre que possível, Justin admite que um de seus hábitos é "comer muito doce", principalmente as balinhas de goma Sour Patch Kids.

Em casa, café da manhã não é café da manhã sem os cereais Cap'n Crunch. Ele também gosta de panquecas com xarope de bordo (*maple syrup*). Justin é conhecido por mergulhar com voracidade em cheesecake com cereja, sua torta favorita. Na sua opinião, o melhor chocolate para presentear uma garota é o Kisses, da Hershey. Esse chocolate foi lançado por volta de 1907, e presentear com ele, acompanhado por um cartão, se tornou uma tradição no Dia dos Namorados.

Nos fins de semana, Justin gostava de visitar o Festival Marketplace, na periferia de Stratford. Ali existe uma loja chamada Long & McQuade Music Store, onde ele passou muitos sábados. Do outro lado da rua fica o King's Buffet, o cenário para um momento marcante na vida de qualquer menino: o primeiro encontro.

"Eu gosto de levar uma menina pra jantar e comprar flores pra ela", explicou o romântico Justin. Só que aquele primeiro encontro foi tudo, menos tranquilo. "Um primeiro encontro ideal pra mim seria fazer a menina se sentir feliz."

Infelizmente, o ideal passou longe. Ele estava nervoso e, depois de começar a noite razoavelmente bem, transformou o momento num desastre quando acidentalmente derrubou o espaguete e as almôndegas sobre a própria roupa. "Ela nunca mais quis sair comigo", revelou, sem dizer o nome da menina. Claro que, na época, ela não fazia ideia de que estava perdendo a chance de namorar um rapaz que, dentro de poucos anos, se tornaria um ícone, um dos adolescentes mais desejados do planeta. Todas as meninas ao redor do mundo ficariam em êxtase se pudessem estar com Justin por uma noite – mesmo que ele deixasse cair comida sobre si mesmo!

Da parte dele, não há ressentimentos: "Ela era muito legal", disse, referindo-se ao primeiro encontro. Mas ele às vezes ainda range os dentes quando se lembra de como aquela noite foi horrível: "Foi horrível, constrangedor". Mesmo assim, ele consegue ver o lado bom da situação, aproveitar a oportunidade para viver e aprender: "Não aconselho ninguém a escolher um restaurante italiano para o primeiro encontro, porque pode ser a maior sujeira! Nunca mais vou cometer esse erro de novo!"

Outra experiência desagradável aconteceu quando ele, ainda criança, ficou preso em um elevador por quatro horas. Foi traumático. Cada minuto preso ali dentro parecia demorar muito mais para passar: "Precisaram chamar umas pessoas para consertar o elevador, e elas vieram de um lugar que ficava a duas horas de distância!", ele relembra.

Finalmente, os engenheiros chegaram e libertaram o pobre Justin daquele cubículo apertado. Viver uma experiência dessas é terrível para qualquer um, imagine para um menino. Como era de esperar, essa lembrança continua a assombrá-lo até hoje: "Tenho claustrofobia e morro de medo de elevador", confessou Justin. Hoje em dia ele prefere usar a escada ou a escada rolante.

Como o interesse em torno dele tem aumentado, Justin é obrigado a se acostumar com o assédio das fãs: "Sou realmente claustrofóbico", revelou à revista *Maclean's.* "Detesto elevador, especialmente se estiver lotado. Eu fico com medo de verdade. Então eu acho muito assustador quando as meninas estão ao meu redor e não posso ir pra onde quiser. Ao mesmo tempo, penso que preciso me acostumar com isso, entende?" Justin também tem medo de escuro, e prefere dormir com pelo menos uma das luzes do quarto acesa.

Justin sempre gostou de ler, desde que foi ensinado pela mãe, bem pequenininho. Quando cresceu um pouco, seu livro favorito se tornou *We're going on a bear hunt,* do inglês Michael Rosen, ilustrado por Helen Oxenbury. O livro conta as experiências de uma família que embarca em uma "caçada ao urso": as pessoas andam na grama, passam pela lama e cruzam um rio – tudo atrás do animal ardiloso, e têm uma surpresa quando chegam à sua caverna.

O livro é mundialmente conhecido por crianças e adultos, e foi escrito para ser lido por qualquer pessoa acima dos três anos de idade. Para Justin, era uma história alegre e divertida que atraía o desejo de se aventurar. A atitude adotada pelos personagens diante dos obstáculos era semelhante àquela que Justin havia adotado em sua própria vida. Quando a família chegou ao rio, às portas da floresta escura, e deparou com outros obstáculos, percebeu que não havia meio de evitá-los: era preciso passar por eles, era preciso enfrentá-los. A cada passo, a família do livro conseguia vencer os desafios que a vida preparou para ela. Quando a vida o testou, talvez Justin também soubesse que tinha que passar por aquilo.

Além de gostar de ler, Justin é fã de cinema. Ele adora *Rocky, um lutador,* de 1976, estrelado por Sylvester Stallone. É a história de um boxeador desacreditado que tem a improvável oportunidade de lutar pelo título mundial. Embora o personagem seja um bom atleta, parece ter perdido a esperança e se conformado em viver em meio à desilusão e à pobreza. De repente, um golpe publicitário armado por um amigo lhe dá a única chance de viver seu grande momento. Ele ainda precisa trabalhar duro e ser corajoso, mas agarra a oportunidade de realizar seu sonho e sair de seu bairro miserável. Não é de admirar que Justin ame esse filme. A história de Rocky tem muitas semelhanças com sua própria vida! Ele também gosta de *O resgate do soldado Ryan*, que se passa na Segunda Guerra Mundial e é estrelado por Matt Damon e Tom Hanks.

Mas Justin também gosta de filmes de animação, como *Carros,* da Disney, e *Entre nesta dança* (a competição da trama provavelmente o faz lembrar do concurso de dança Stratford

Star, do qual participou). A disputa entre os dois bateristas em outro filme querido de Justin, *Ritmo total*, e as demonstrações de ritmo em *Ela dança, eu danço*, de 2006, provavelmente também o fazem recordar os dias de Stratford Star.

Quando foi perguntado sobre seu filme "de menina" preferido, ele escolheu *Diário de uma paixão*, no qual um homem idoso narra a história de um longo romance, vivido durante toda a sua vida. Mas esse não foi o único dos filmes "fofos" a que Justin assistiu. Ele adorou *Um amor para recordar*, romance adolescente lançado em 2002; Justin gostou muito de sua trilha sonora.

Justin é um grande amante do cinema, desde animações até histórias românticas, passando por histórias de pessoas de origem humilde que conseguem realizar seus sonhos. Ele também gosta muito de tevê. Sempre que pode, assiste a *Smallville*, que fala sobre a vida do jovem Super-Homem, e o drama médico *Grey's Anatomy*. *American Idol*, o grande sucesso da tevê americana que tem o famoso e franco jurado britânico Simon Cowell, é outro de seus programas favoritos.

Desde que encontrou a fama, Justin se mudou do Canadá para os Estados Unidos. O sucesso lhe propicia um estilo de vida invejável, que inclui viajar regularmente pelo mundo para promover sua música e conhecer seus fãs. Ele precisa trabalhar duro para cumprir todos os compromissos, mas, ao mesmo tempo, esse é o tipo de vida com que muitas pessoas sonham. Justin sempre continuará sendo aquele menino doce do Canadá, porque para ele o lar é realmente o lugar onde seu coração está: "Já estive em um monte de lugares no mundo, mas meu lugar favorito ainda é minha cidade natal".

Ele é um canadense orgulhoso de sua terra, que adora tudo no país, inclusive as nevascas que muitas vezes caem com a chegada do inverno. De fato, quando Justin viajou para a Grã-Bretanha no inverno tempestuoso de 2010, se divertiu com a forma como os britânicos lutavam para lidar com a neve. Como um típico canadense, ele está habituado a meios mais eficientes de conviver com climas extremos, e se lembra com muito carinho de alguns invernos bem gelados que passou em sua cidade. Ele expressou sua surpresa no Twitter e foi questionado sobre isso durante uma entrevista ao site Digital Spy: "Vocês estão agindo como se fosse o fim do mundo... tudo é cancelado e o metrô não funciona... mas lá no Canadá essa quantidade de neve não é nada", disse Justin. "É preciso ter pelo menos 25 centímetros de neve pra cancelaram as aulas."

Pediram a Justin um conselho ao povo britânico sobre a melhor maneira de lidar com a nevasca: "Hmm... deixe-me pensar... Bem, pra começar, vocês não usam o tipo certo de roupa. Você precisa usar chapéu, cachecol, luva... e ceroula! Eu sempre uso ceroula quando está muito frio. Sei que não é fashion, mas prefiro ficar aquecido a ficar congelado".

Bem, então é isso, Justin? Melhor ficar aquecido do que congelado, mesmo que isso signifique não ser fashion?

JB

Agora que é famoso, Justin adora viajar pelo mundo e manter seus milhões de fãs atualizados sobre o que anda fazendo, usando os feeds cada vez mais populares do Twitter. Para ele, sua viagem inesquecível aconteceu antes da fama.

Foram férias daquelas que a gente não esquece, de que Justin e sua mãe vão se lembrar para sempre. O mais surpreendente é que o menino, que na época tinha só 13 anos, financiou a viagem inteira. Repleto de amor e de dedicação, Justin encontrou uma maneira de agradecer a mãe por tudo o que ela havia feito por ele. Como se pode imaginar, a música estava no centro daquela notável iniciativa, que por sua vez se mostrou o primeiro grande sinal de que o garoto tinha qualidades que poderiam fazer dele uma grande estrela.

2

O artista de rua

Justin é um rapaz inteligente e amoroso, e que sempre se mostrou agradecido pelos muitos sacrifícios que sua mãe fez por ele. Ele observava, impressionado, o modo como ela trabalhava o tempo todo para manter a comida na mesa, um teto sobre a cabeça e roupas para vestir os dois. Embora não tivesse ainda a capacidade de imaginar os luxos dos quais sua mãe abriu mão a fim de lhe dar sustento, ele sabia que Pattie se privava de muitas coisas de que gostava. Pattie sempre incentivou muito as ambições musicais de Justin, fazendo tudo o que estava ao seu alcance para ajudá-lo a comprar os instrumentos e ter aulas. Mas, apesar de todas essas atenções, o menino não era mimado; ao contrário, Justin sempre esteve determinado a encontrar alguma forma de retribuir tudo o que ela havia feito.

Não é fácil para um garoto de 13 anos ganhar algum dinheiro, ainda mais uma quantia suficiente para realizar a meta que Justin tinha em mente. Assim, ele pensou bastante e concebeu um plano que esperava que desse certo... Então, colocou seu enorme violão no ombro e saiu para fazer performances.

Como a maioria dos artistas de rua, Justin passou um tempo procurando um bom lugar, colocou o estojo do violão no chão à sua frente – de forma que as pessoas tivessem onde colocar o dinheiro – e começou a tocar e cantar, na esperança de que o público gostasse e lhe deixasse alguns dólares.

No começo, ele fazia performances por um motivo bem específico: "Eu queria ir jogar golfe com meus amigos e não tinha dinheiro". Assim que percebeu que poderia fazer sucesso como artista de rua, começou a pensar mais alto. Em uma das fotos da época, ele está sentado numa escadaria de mármore, usando boné azul, camiseta amarela, moletom branco de capuz, jeans e tênis azuis. Há uma garrafa de água ao lado, e o estojo do violão a seus pés. Lá dentro, podemos ver uma boa quantidade de cédulas e moedas.

Por pura sorte, existe um vídeo de uma de suas exibições como artista de rua. Um grupo de estudantes fazia uma excursão a Stratford quando passou em frente ao teatro. Lá os alunos viram o jovem Justin cantando com entusiasmo e decidiram filmar – claro que não faziam ideia de que aquela seria uma estrela pop no futuro e de que estavam assistindo a um show.

Entre as músicas que Justin cantou estavam "I'll be", de Edwin McCain, e "Refine me", de Jennifer Knapp, que tocava seu coração pela temática religiosa. O vídeo mostra claramente que a multidão estava gostando de seu desempenho e tirou muitas fotos. O prazer era obviamente compartilhado pelo intérprete, que parecia o tempo todo mostrar sua marca registrada – o temperamento iluminado.

"Ele gostava de estar com as pessoas e diverti-las", comenta Chad Ritter sobre o comportamento do pequeno Justin. "Eu sempre botei fé nele. Isso é uma daquelas coisas que ou você tem ou não tem. E Justin tem."

O fato é que não foram apenas os passantes que notaram o menino. Ele foi rapidamente notado por Eldon Gammon, o gerente do Avon Theatre, em frente ao qual Justin se exibia com mais frequência. Gammon se lembra dele como "aquele garoto miúdo e com uma bela voz" – descrição que tem se repetido desde então. "Parecia que o violão era maior do que ele", disse Gammon ao jornal *Toronto Star*.

Justin era um artista cativante e muitas vezes um forte concorrente das produções exibidas no teatro. "Os grupos de estudantes se apertavam ao redor dele. O sinal de cinco minutos tocava bem alto, e então a gente precisava ir buscar o pessoal e arrastar para longe do menino. Ele tinha carisma. E sempre foi muito educado, dizendo 'Obrigado' a todo momento. O interessante é que o tipo de música que ele canta agora não é nada parecido com aquilo que ele fazia por aqui."

A música mudou, mas a personalidade carismática e educada de Justin continua a encantar os fãs ao redor do mundo, do mesmo modo que acontecia naqueles dias de artista de rua.

Ele se lembra daquele período com muito carinho. Poucos anos mais tarde, Justin retornou ao local acompanhado de uma equipe de tevê: "Isto aqui meio que virou uma atração turística, por isso sempre tem um bando de gente por aqui", contou assim que chegaram ao local. "Eu cantava 'I'll be', de Edwin McCain, 'You and me', de Lifehouse, 'U got it bad', de Usher, e 'Cry me a river'", Justin comentou. "Dava pra juntar uns 200 dólares. Eu tocava aqui na rua, colocava o estojo do violão no chão e as pessoas me jogavam algumas moedas e notas", completou.

Esse valor é ainda mais impressionante se você considerar que ele o juntava em apenas uma hora. "Era muito raro ele voltar pra casa de noite sem 150 ou 200 dólares, depois de ter ficado lá por cerca de uma hora e pouco", recorda sua avó. E logo aquele dinheiro somou uma quantia bem considerável. "Consegui juntar 3 mil dólares e pude levar minha mãe de férias para a Flórida", Justin sorri ao dizer isso. "Cara, foi demais." Foi impressionante mesmo.

Pattie era a mãe mais feliz e orgulhosa do mundo. Foi a primeira viagem de férias de Justin e sua mãe, por isso tornou-se inesquecível. "Justin conseguiu nos levar de férias pela primeira vez na vida", disse Pattie. "Nós fomos para a Disney."

Era a viagem dos sonhos dos dois, e não havia ninguém mais orgulhoso do que Pattie, a quem Justin sempre se referiu como a pessoa que ele mais amava no mundo inteiro. Ela sabia que a viagem era um gesto de amor de seu filho, que havia trabalhado muito para lhe dar esse presente. Não há muitas crianças com espírito empreendedor nessa idade.

Mas de onde vem esse espantoso sentido de propósito e determinação? Justin dá o crédito à mãe. Certamente, o fato de ela ter trabalhado de sol a sol durante a infância do filho foi um bom exemplo. O rapaz também acha que ter sido criado com hábitos modestos o ajudou a moldar sua personalidade de forma positiva: "Eu cresci sem muitos recursos. Não tinha tantas coisas quanto as outras pessoas. Então, acho que isso me deixou mais forte como pessoa – ajudou a construir meu caráter". A forma como Justin encarou as provas que a vida lhe trouxe e tirou proveito disso é inspiradora para todos nós.

Enquanto isso, o desenvolvimento musical de Justin continuava. Aos 13 anos, aprendeu a tocar trompete; também continuava a cantar pela casa. Seja lá o que estivesse fazendo, o que quer que estivesse usando, a qualquer hora do dia ou da noite, a voz doce de Justin podia ser ouvida. Nessa época, começou a participar do coro da igreja. De certo modo, foram os primeiros shows de Justin – apesar de terem acontecido em uma igreja, e não em um estádio ou teatro! Muitas pessoas que o ouviram cantar comentavam que ele possuía uma voz especial e gostavam demais de seu timbre doce e harmonioso. Se você somar a isso um rosto bonito e uma personalidade adorável, terá o pacote completo, que hipnotizava as pessoas desde o começo.

Ao mesmo tempo em que tudo isso acontecia, a confiança de Justin como cantor também crescia. Ele estava prestes a encarar uma nova etapa em suas ambições musicais, depois de capturar a atenção das pessoas como artista de rua e cantor de coral.

Entretanto, apesar de possuir admiradores, Justin não tem certeza de quando ele mesmo percebeu para valer que tinha um talento especial para cantar: "Eu não sei se me lembro", disse ao site neonlimelight.com quando lhe perguntaram qual das canções foi a que realmente lhe mostrou que ele tinha uma voz muito boa. "Acho que pode ter sido 'So sick', de Ne-Yo."

Ne-Yo (nome verdadeiro de Shaffer Chimere Smith) é uma estrela do R&B que já trabalhou com os vencedores britânicos do *X Factor*[1] Leona Lewis e Alexandra Burke. Seu álbum de estreia, em 2006, chama-se "*In my own words*", e a faixa que se destacou foi "So sick", que atingiu o primeiro lugar nas paradas dos Estados Unidos, quando foi lançada como single. Justin adorou a música, pois combinava com sua voz. Faria parte de seu próximo passo, no sentido musical, e com o tempo o levou à fama e à fortuna.

O garoto de voz angelical estava pronto para subir mais um degrau – e para competir com outros cantores. O concurso acontecia mais ou menos na porta de sua casa. O Stratford Star (às vezes chamado de Stratford Idol) é uma competição entre cantores que agora se realiza na cidade uma vez por ano. Acontece no edifício da YMCA e normalmente dura entre três e quatro semanas. Os cartazes anunciando o concurso são espalhados por todas as escolas da região.

Essa competição ocorreu pela primeira vez em 2006. Logo Justin ouviu falar dela, achou que seria uma boa ideia participar. No ano seguinte, decidiu que estava na hora de levar seu plano adiante e se inscreveu. A maneira como a competição é realizada é bem semelhante à dos programas de tevê *The X Factor* e *American Idol*. Depois de algumas audições estressantes, os dez melhores concorrentes são escolhidos.

1- O *The X Factor*, assim como o *American Idol*, é uma competição de aspirantes a cantores. *Ídolos* é a versão brasileira desses programas.

Como Justin explicou uma vez, ele se inscreveu para o concurso de uma forma diferente dos outros competidores: "As outras pessoas tinham tido aulas e professores de canto. Mas eu não levava a coisa tão a sério, às vezes". Acima de tudo, ele estava lá para se divertir. "Fiz aquilo apenas pela diversão; eu não estava querendo ficar famoso ou coisas do tipo".

Acontece que as pessoas que testemunharam os eventos lembram que Justin estava levando tudo um pouco mais seriamente do que diz. Angie Adair, que ajudou na organização do Stratford Star, lembra dele usando a máquina de karaokê do YMCA para praticar. Em certas ocasiões, ele ensaiava tanto e com tanto afinco que ela precisou lhe pedir que fosse embora para poder fechar a sala.

Mas era fácil perceber que ele também estava se divertindo quando subiu ao palco da competição pela primeira vez. A música escolhida foi "Angel", de Sarah McLachlan. Ele se posicionou despreocupadamente junto ao microfone, usando um boné virado para trás, e cantou acompanhado pelo pianista. A canção fala sobre um anjo, e Justin cantou como se fosse um. "Angel" também é um tema triste e adulto, mas a forma como Justin cantou destacou a beleza e o lado doce da música.

Ele foi aprovado para a próxima etapa!

"Justin Bieber merece respeito, pessoal!", disse a apresentadora, quando chamou o garoto para sua apresentação seguinte. O público começou a gritar quando o menino entrou, e a apresentadora acrescentou: "Justin vai cantar 'Respect'!"

Ele usava um boné de beisebol marrom com a aba virada para trás, camiseta xadrez cinza, calça marrom e tênis. Deu para perceber que estava um pouco nervoso quando pegou o microfone com a mão esquerda, mas, logo que a música começou a tocar, ele passou a dançar alegremente em torno do palco – conseguindo mesmo rodopiar de vez em quando. Justin cantou bem, com uma entrega quase total. Algumas vezes, sua voz soava como se pertencesse a alguém mais velho e com muito mais experiência. Na tentativa de colocar sua marca, inventou algumas tiradas extras, do tipo gritar "Come on!" entre as frases.

Quando chegou aquela parte da música em que o cantor faz uma pausa e entra um solo de saxofone, Justin não estava no clima de simplesmente parar para descansar. Segurou um sax imaginário e imitou o solo, como um aspirante a guitarrista imita os solos no "air guitar". Ali, o garoto mostrou personalidade e alguma "insolência", "tocando" aquele solo para o deleite da plateia – e o tempo em que ficou em casa aprendendo a tocar trompete foi muito útil na hora de imitar como se toca um sax.

Em certo momento, estava tão concentrado em sua mímica que acidentalmente deixou cair o microfone. Assim que o aparelho caiu no chão, enviou um forte ruído através do sistema de som do teatro, mas Justin logo se recompôs, pegou-o rapidamente e voltou ao seu número.

Apesar da brincadeira durante a parte instrumental da canção, Justin mostrou grande maturidade, senso de profissionalismo e técnica vocal. Muitas vezes, os cantores amadores cometem o erro de cantar com a boca muito perto do microfone. Mas não foi o caso de Justin. Ele segurou o microfone a uma distância correta e, quando cantava uma nota mais alta, afastava-o para um pouco mais longe, antes de trazê-lo de volta para a antiga posição no momento das notas mais suaves.

Enquanto cantava e dançava, Justin parecia muito feliz. O palco foi iluminado pelos flashes dos fotógrafos da plateia. Quando se aproximou do final da canção, acrescentou um "Isso é tudo o que eu quero!" depois que as backing vocals da gravação cantaram "Respect!" ("Respeito!") Certamente Justin foi muito respeitado pelo público, especialmente quando fechou a última nota com um autêntico toque de soul. A plateia aplaudiu e gritou novamente.

Naturalmente, Justin estava entusiasmado com sua exibição, e comemorou dando socos no ar. Então, devolveu o microfone à apresentadora e, por alguns instantes, pareceu não saber o que fazer. Envergonhado, escondeu as mãos nos bolsos da calça. Sua linguagem corporal era muito modesta em contraste com o desempenho de estrela que acabara de mostrar. Isso sugeriu que a grande confiança que sentia enquanto cantava desapareceu no mesmo instante em que parou de fazê-lo. Seja como for, era difícil acreditar que o menino naquele palco tinha apenas 13 anos.

Quando voltou ao palco para cantar "Fallin", de Alicia Keys, Justin estava muito mais bem vestido. Usava camisa azul-claro com gravata azul-escuro. Mesmo que tivesse entrado na competição mais para se divertir, ficou claro para todo mundo que Justin estava levando as coisas a sério à medida que o concurso prosseguia. Mesmo assim, ele usava a camisa para fora da calça, o que trouxe um pouco de informalidade ao seu visual.

"Tudo bem, o próximo agora é Justin Bieber," disse a apresentadora. "Suba aqui no palco. Vamos ouvir 'Fallin'". A canção começa com vocais antes de a música entrar. Justin cantou muito bem a nota de abertura, com um tom rascante na voz que, mais uma vez, oferecia uma sonoridade de alguém mais maduro e experiente do que ele realmente era. E ainda acrescentou um toque mais expressivo ao colocar a palma da mão encostada no peito durante as notas mais compridas.

Lá estava um artista quase perfeito, que deixava claro ter estudado bastante as formas de atuar no palco das principais estrelas da música. Quando terminou de cantar, a plateia explodiu em gritos e aplausos. "Obrigado", Justin agradeceu docemente. A apresentadora pegou o microfone de volta e lhe disse que seu desempenho tinha sido "fantástico", acrescentando: "Acho que Alicia Keys ficaria com um pouco de inveja de uma apresentação como esta".

Foi um Justin mais confiante e vigoroso que subiu ao palco para cantar a vibrante "3 a.m.", de Rob Thomas, vocalista da banda Matchbox Twenty.

"Vá em frente", disse a apresentadora, e foi o que Justin fez. "Ei, todo mundo", disse ele, arrancando aplausos. Entre os versos da música, Justin encorajava as pessoas a bater palmas junto. Quando a canção terminou, repetiu a nota final mais de uma vez.

Durante um tempo, Justin bateu palmas junto com o público que o aplaudia. Quando a apresentadora se aproximou para pegar o microfone, ele se curvou para ela. A apresentação tinha sido bastante animada, e ele merecia cada um dos aplausos que recebera. Justin saiu do palco nas nuvens – ele estava realmente adorando a experiência de se apresentar ao vivo. Falando nisso, e o público? Bem, estava amando a experiência tanto quanto o artista!

Justin conseguiu ficar entre os três finalistas, graças às suas exibições em mais duas músicas, incluindo "So sick", de Ne-Yo.

Dessa vez, ele começou a cantar com o microfone no pedestal em vez de segurá-lo na mão. Apesar de baixinho, não pareceu menor diante do pedestal, que abandonou no meio da canção. No geral, foi uma interpretação um tanto sóbria e contida. Justin colocou as mãos nos bolsos diversas vezes, dando um ar mais casual ao look camisa e gravata que usava. Ele estava diretamente embaixo de uma foto da rainha Elizabeth II. Já na segunda música, Justin se vestiu mais no estilo das ruas, mais de acordo com a imagem que temos dele atualmente. Usava boné de beisebol, moletom folgado e jeans, de novo combinando com os enormes tênis.

Justin incentivou a plateia a bater palmas acompanhando a música logo que esta começou e, em seguida, fez alguns movimentos de break, incluindo uma manobra giratória para trás que arrancou exclamações admiradas da multidão. "Vamos lá, *yeah*!", disse ele, jogando o boné para o público como uma verdadeira estrela.

A música que ele estava cantando era "Basketball", de Lil' Bow Wow, que também começara a carreira aos 13 anos de idade. Justin dançou durante todo o tempo, puxando o capuz do moletom sobre a cabeça em determinado momento da exibição. Sua dança não tinha a qualidade de um Michael Jackson, mas, para um garoto de sua idade e com seu nível de experiência, foi maravilhosa. A plateia demonstrou sua aprovação com gritos e palmas.

Na grande final do concurso, ficou claro para todo mundo que Justin estava competindo com rivais mais velhos, especialmente quando se postou no palco próximo aos dois concorrentes, muito mais altos. E vamos esquecer que ele tinha entrado no concurso principalmente para se divertir: agora que chegara tão longe, Justin esperava vencer, por isso estava compreensivelmente nervoso enquanto aguardava o anúncio final. O programa não tinha a mesma audiência de um *The X Factor* ou *American Idol,* e o prêmio não era tão polpudo, mas para Justin aquele momento significava tudo.

Quem subiu ao palco foi outra apresentadora, e a ela cabia anunciar a decisão dos jurados. Ela começou a dizer, com uma explicação divertida, como se sentia desconfortável por precisar dar essa notícia: "Então, meus amigos, não sei por que sempre sobra pra mim essa coisa de anunciar o resultado da votação, mas tudo bem!" Então, virou-se para os três finalistas e disse que todos eram vencedores, independentemente de quem terminasse em primeiro lugar, e ainda acrescentou: "Sei o quanto vocês se esforçaram pra subir neste palco e mostrar o talento que possuem. Sei que as pessoas vieram até aqui todas as semanas pra vê-los, e todos vocês tiveram um desempenho fenomenal. Por favor, não parem nunca. Como eu já disse a cada um de vocês em ocasiões diferentes, a música é muito importante... então continuem cantando, não importa o que aconteça".

Ela estava deixando os três rapazes cada vez mais nervosos – desesperados para saber quem tinha vencido. Justin se mostrava especialmente nervoso, embora tentasse disfarçar a ansiedade colocando as mãos nos quadris. A apresentadora virou-se para o público, que aplaudiu com entusiasmo, sentindo que o anúncio do ganhador seria feito dali a instantes.

"Então," ela começou, antes de rir nervosamente enquanto a tensão continuou a preencher o salão. "Ok, Emma vai me ajudar. Ela vai passar a tocha para o nosso próximo vencedor do Stratford Star... que este ano é Kirsten Hawley!"

Justin ficou desapontado por não ganhar, mas mostrou grande maturidade em sua reação. Ele aplaudiu enquanto Kirsten recebia o prêmio e foi o primeiro a cumprimentá-la com um aperto de mão. Justin tinha pouco mais que a metade da altura da vencedora, mas ficou maior por conta da forma como lidou com a derrota.

"Eu tenho mais coisas a dizer", anunciou a apresentadora, assim que as torcidas, os aplausos e a gritaria acalmaram um pouco. "Todos os três finalistas foram convidados a se apresentar em um evento beneficente", explicou, pedindo-lhes que ficassem ali mais um pouco para que pudessem ouvir todos os detalhes. Então, entregou a Justin e ao outro vice-campeão o prêmio de consolação. Enquanto o público aplaudia os menos votados, a apresentadora se abaixou para dar um abraço em Justin. E, no momento em que os três finalistas da competição saíam do palco no final da noite, ficou impressionantemente claro, mais uma vez, o quanto Justin era menor em relação a seus rivais.

Apesar de se sentir arrasado por não ter levado o primeiro lugar mesmo depois de ter se apresentando tão bem, Justin continuou a se comportar de forma graciosa na derrota, conseguindo sorrir para a vencedora quando a aplaudiu uma vez mais. E sorriu docemente quando outra das organizadoras disse aos participantes que sabia o quanto eles tinham se esforçado.

Apesar de não ter vencido o concurso, Justin com certeza ganhara muitos corações. As pessoas que terminam essas competições como vice-campeãs muitas vezes se dão bem... às vezes até mais que os campeões. Os integrantes da boy-band JLS ficaram chateados quando terminaram em segundo lugar, depois de Alexandra Burke, na edição britânica de 2008 de *The X Factor*. Acontece que, desde então, eles já venderam mais de um milhão de cópias de seus álbuns e ganharam dois prestigiosos BRIT Awards, levando algumas pessoas a achar que são melhores do que quem venceu...

Essa não foi a primeira vez: em um dos programas anteriores, o vice-campeão foi uma banda chamada G4, que superou de longe as vendas do vencedor, um cantor de soul chamado Steve Brookstein. O mesmo tem acontecido em concursos de talentos das tevês americana e canadense, de forma que o jovem Justin poderia ficar mais animado, pois sabia que tinha ido bem em todas as etapas. E, como se viu mais tarde, Justin acabou se tornando o mais bem-sucedido de todos os vice-campeões!

Depois do concurso, o garoto passou a cantar mais e mais. Grande parte da cantoria acabou acontecendo em casa mesmo, mas ele também tirou vantagem de seu desempenho no palco e se inscreveu em outros eventos da região.

Em agosto de 2007, ele participou de um concerto ligado a um evento de conscientização ambiental, conhecido como Virtual Blackout. Os moradores locais foram incentivados a desligar os aparelhos elétricos por uma hora – lâmpadas, televisões, computadores e outros – para economizar energia. “Precisamos conscientizar as pessoas sobre nossa dependência energética”, disse um dos organizadores. Essa experiência se tornou algo vibrante e alegre, já que os moradores, privados dos meios de entretenimento modernos, acabaram saindo às ruas e conversando com os vizinhos.

Durante algumas horas, Stratford voltou aos "velhos tempos". Muitos moradores foram a um concerto que estava sendo realizado no coreto da Veteran's Drive. Era um evento completo, com churrasco, e numerosos músicos da cidade tocavam um som acústico, sem guitarras elétricas! Todos os tipos de música eram permitidos, do rock ao bluegrass. Sob muitos, muitos aplausos, Justin fez um dueto com sua mãe, Pattie, e um repórter o descreveu como "um dos favoritos dos fãs". Era evidente que Justin tinha aproveitado a experiência do Stratford Star.

Aquela competição ainda exerceria outra influência muito forte sobre o rapaz: ele finalmente concluiu que cantar e se tornar um artista era realmente o que queria fazer: "Foi quando descobri que eu queria *mesmo* cantar; era minha verdadeira paixão", comentou Justin ao falar sobre sua participação no concurso. Existem relatos de que Justin ficou em segundo lugar naquela competição de setembro de 2007, mas uma das organizadoras diz que houve um mal-entendido. De acordo com Angie Adair, que ajudou na contagem dos votos, apenas o vencedor foi anunciado naquela noite. Justin na verdade terminou em terceiro, ela disse, perdendo para as duas meninas mais velhas.

Seja como for, Justin se apresentou muito bem em um concurso dominado por pessoas mais velhas do que ele. Mimi Price, outra das organizadoras do evento, notou imediatamente que Justin não era uma criança como as outras: "Sabíamos que havia algo de especial nele, mas pensamos: 'Ele precisa de uns dois anos treinando a voz e ficará pronto'", contou ela ao site Toronto Star. "Era evidente que ele estava apto a enfrentar o desafio e que tinha muito carisma; só o que lhe faltava era a experiência." Hoje em dia, olhando para o Justin Bieber que atua como cantor profissional, ela fica impressionada, especialmente com suas habilidades na dança. "Olha os movimentos dele, meu Deus!"

Meu Deus, de fato! Nem Mimi Price nem ninguém mais naquele tempo poderia saber que os vídeos das atuações de Justin, que sua mãe estava registrando, seriam o trampolim para que ele se tornasse um artista conhecido mundialmente. Pattie havia filmado as apresentações do filho para seu arquivo pessoal e para compartilhá-las com os familiares e amigos. Pattie esteve presente, assim como os avós de Justin, mas muitos outros perderam as apresentações do menino, inclusive seu pai.

Tanto Pattie quanto o filho se sentiam orgulhosos de suas conquistas; por isso, ao voltar para casa após o concurso, estavam ansiosos para mostrar os vídeos de sua performance para os parentes e amigos. Primeiro pensaram em gravar os filmes em DVDs e enviar os discos pelo correio, ou até mesmo enviar os filmes anexados em emails para quem estivesse interessado. Mas as duas opções tinham algumas complicações, então começaram a matutar se não haveria um modo mais simples...

A resposta veio de repente: o YouTube, site de compartilhamento de vídeos, era a saída! O processo seria muito simples: carregar os vídeos para o site e depois enviar os links por email para qualquer um que estivesse interessado.

Justin abriu sua conta no YouTube como o usuário "kidrauhl". Ele nunca explicou por que escolheu esse nome. Alguns acham que pode significar "kids rule" ("a molecada domina", numa tradução livre), e outros acham que ele escolheu esse nome porque o pai usa um parecido em suas atividades online. De qualquer maneira, esse usuário logo se tornaria mundialmente conhecido – porque sua conta no YouTube estava destinada a ser um enorme sucesso.

"Publiquei meus vídeos cantando naquele concurso pra que meus amigos e parentes pudessem assistir", lembra Justin. "Mas o que a gente descobriu depois é que outras pessoas gostaram deles", acrescentou, meio que subavaliando sua performance. Não demorou muito para que sua conta no YouTube se tornasse um grande sucesso e uma sensação na internet.

O jovem Justin começou a perceber que seus vídeos estavam sendo assistidos por mais gente do que apenas sua família e amigos: "Era como, bem, eu não tenho essas cem pessoas na minha família", disse ele, lembrando como a contagem de acessos subiu rapidamente. "E então foi, tipo, eu não tenho 500 pessoas na minha família. E aquilo continuou aumentando e aumentando."

Apesar de Justin ter dito às vezes que a carreira de astro pop não era um sonho que alimentasse havia muito tempo, também disse que sempre quis seguir uma vida ligada à música, pelo menos desde que se recordava: "Sempre quis ser músico, mas na verdade não sabia bem o que queria fazer", contou à *MTV News*. "Eu só fazia aquilo pra me divertir, no fundo." Sua jornada poderia não ter sido planejada, mas ele estava cada vez mais perto de seu destino final. A próxima etapa da surpreendente ascensão de Justin até o topo estava a caminho...

3

O canal no YouTube

Os vídeos de Justin eram perfeitos para o YouTube. Ele era um menino bonito e talentoso, algo facilmente notado por qualquer pessoa que os assistisse. E o fato de serem vídeos caseiros, continuamente carregados no site por Justin, agradava as pessoas ainda mais, por causa da atmosfera doméstica e charmosa. As pessoas ficavam encantadas por aquele garoto, que parecia ser não apenas talentoso, mas verdadeiro e com os pés no chão. O YouTube permite que os usuários avaliem o que assistem e façam comentários. Ao mesmo tempo em que o contador de acessos de sua página disparava, contabilizando um número de visitas espantoso, Justin começava a receber uma enxurrada de comentários positivos. Ele já possuía um razoável fã-clube online. Os comentários não variavam muito; quase sempre eram de pessoas encantadas com os vídeos e que desejavam ver mais vídeos de Justin!

Durante os meses seguintes, o futuro astro cantou mais algumas músicas enquanto sua mãe o filmava. Os melhores vídeos iam para o YouTube. Depois que as filmagens realizadas durante o concurso Stratford Star ficaram populares, Justin começou a fazer o upload dos vídeos feitos em casa. O primeiro deles o mostrava tocando no teclado uma música composta por sua avó. Ele estava usando uma camiseta azul claro sobre um blusão azul-escuro. Dá para ver dois violões apoiados na parede ao fundo, como que comprovando o ambiente musical em que Justin vivia.

A legenda que Pattie colocou no vídeo reconhece que Justin talvez não estivesse tocando a música direito, mas, segundo ela, "ele está quase lá". Filmado quase o tempo todo de lado, o garoto olha algumas vezes para a câmera por sobre o ombro. A música é suave e quase hipnótica. Enviado para o YouTube em janeiro de 2007, esse vídeo já foi exibido mais de um milhão de vezes.

O site em que foram postados os vídeos de Justin com tanto sucesso foi lançado dois anos antes de ele próprio criar o seu próprio canal. Fundado por três pessoas – Chad Hurley, Jawed Karim e Steve Chen –, a inspiração que os levou a criar o YouTube espelha o motivo pelo qual Justin decidiu usá-lo pela primeira vez. Chen, segundo conta a história oficial, tinha organizado uma festa e procurava uma maneira de compartilhar o registro daquela noite com seus amigos. Assim, tendo como base um escritório acima de uma pizzaria e um restaurante japonês, eles começaram a trabalhar, lançando o site com uma filmagem feita por Karim durante uma visita ao jardim zoológico.

Um ano depois de seu lançamento, o site já contabilizava mais de 65 mil novos vídeos enviados por dia – e mais de cem milhões de exibições. Tempos depois, foi comprado pela gigante Google, que desde então fechou acordos com a MGM e a Lionsgate, produtoras de filmes de cinema, e com emissoras de tevê, como a CBS. O YouTube hoje soma mais de 2 milhões de exibições por dia. Você pode assistir a todos os tipos de vídeo, e alguns deles são bem divertidos, como o Scarlet takes a tumble, que mostra uma garota cantando para a câmera. Ela sobe em uma mesa de centro para dar um show extra e tudo parece bem... até que ela escorrega e se arrebenta no chão. Esse é o vídeo favorito de Justin no site, segundo ele próprio diz. E ficou tão popular que as pessoas têm colocado vídeos no YouTube mostrando sua reação a ele.

Nessa fase, porém, Justin não estava apenas assistindo a seus vídeos favoritos no YouTube, mas estrelando seus próprios filmes! Quatro dias depois de postarem o primeiro vídeo, Pattie e Justin acrescentaram mais um a seu canal, no qual o garoto toca violão e canta "Refine me", de Jennifer Knapp. Para esse, sua mãe o filmou sentado no sofá da sala de estar com a lâmpada acesa a seu lado, sugerindo que as imagens foram captadas à noite. Ele está vestindo um moletom cinza e o capuz está puxado sobre a cabeça. Justin dedilha o violão com a mão esquerda e canta de forma tocante a letra religiosa que apresenta a mistura característica de doçura e poder. Apenas um verso e o refrão foram gravados, mas o desempenho de Justin é tão bom que o fato de o vídeo ser curto não tem grande importância. Na verdade, o vídeo deixou os admiradores com aquela vontade de "quero mais" – o que é sempre uma coisa boa quando se está construindo uma base de seguidores na internet.

O vídeo seguinte demorou mais de dois meses para ser postado no canal, mas mesmo durante esse tempo as pessoas continuaram assistindo aos filmes que já existiam e os elogiando muito.

JB

O próximo vídeo foi postado no YouTube em 25 de abril de 2007. Na legenda que o acompanha, Pattie escreveu: "Peguei Justin um pouco antes de ele escovar os dentes, enquanto cantava 'Back to one', de Brian McKnight, cantor de R&B". Pattie pediu que continuasse cantando enquanto o filmava: "Ele só está brincando, mas acho que está lindo e engraçado", escreveu ela, acrescentando que "seu cabelo cresceu de novo, agora".

O cabelo de Justin chama a atenção no vídeo. Ele estava usando um corte bem curto, quase raspado, com desenhos tribais. Mas o que realmente interessa é o quanto ele canta bem, mesmo se preparando para escovar os dentes. O vídeo começa com Justin cantando o refrão e logo fica evidente que ele, que já havia demonstrado ter uma ótima voz para canções pop e folk, também pode cantar em estilo mais nervoso, mais R&B. À medida que vai se aproximando dos versos que abordam a questão da mulher mencionada na música, ele se vira e olha para a câmera.

O desempenho como um todo é quase perfeito. Qualquer pessoa que tenha visto seu vídeo promocional para "One time" notará algumas semelhanças com esse aqui. Para começar, quando ele canta "one" (um), Justin levanta um dedo, exatamente como faz em "One time". Da mesma forma, coloca a palma da mão contra o peito de vez em quando, um movimento que o astro utiliza regularmente durante suas apresentações desde que ficou famoso. Entretanto, naquela época seus vídeos eram mais rudimentares – o que sem dúvida fazia parte de seu charme.

No final de "Back at one", Justin esquece a letra da música e simplesmente cantarola a melodia, antes de incorporar com graça: "Esqueci a letra... escovar os dentes" no meio dos versos. O vídeo termina quando ele pega o creme dental, pronto para fazer justamente isso, escovar os dentes. No momento em que este livro está sendo escrito, contabilizamos mais de 6 milhões de exibições. Naquele mesmo dia, mais tarde, um novo vídeo foi adicionado ao canal. Aqui Justin foi filmado em frente a uma parede lisa, cantando trechos de "Because of you", de Ne-Yo. Em parte da canção, Pattie filmou Justin de cima, para garantir que o corte tribal do filho pudesse ser visto com clareza. E o garoto balança o corpo de um lado para o outro enquanto está cantando, parecendo em êxtase.

Os vídeos foram se tornando cada vez mais populares, na medida que Justin apresentava os diferentes elementos de seu interesse musical e de sua personalidade, a cada filme que era adicionado em seu canal. Os contrastes ficavam evidentes pelo fato de que, após duas canções sucessivas no estilo R&B, a música seguinte postada por Pattie e Justin foi uma composição do cantor de indie rock Edwin McCain, "I'll be", um grande sucesso de McCain em 1998 (quando Justin tinha apenas quatro anos de idade). Nesse vídeo, ele parece estar filmando a si mesmo, simplesmente colocando a câmera sobre a mesa em frente ao sofá da sala. No final da filmagem, o espectador pode ver Justin se aproximando para desligar a câmera.

Com 2 minutos e 10 segundos, este vídeo é mais longo do que os postados anteriormente, e Justin canta com brilho. E também dedilha o violão muito bem, fato que às vezes é ofuscado pela força de sua voz. Curiosamente, Justin pula duas vezes o verso "love's suicide" (o suicídio do amor). Outro ponto a destacar nesse vídeo é que foi inteiramente gravado em tom sépia, o que lhe deu uma aparência mais quente e um pouco mais profissional.

O número de fãs do canal do usuário "kidrauhl" vinha crescendo. Justin e sua mãe perceberam que seus vídeos tinham grande audiência e imaginaram que, entre os milhares de espectadores, poderiam estar figuras importantes da indústria do entretenimento. Foi então que decidiram exibir a gama completa dos talentos de Justin. Até agora ele havia aparecido cantando, tocando violão e teclado.

Os dois vídeos seguintes – enviados em julho e agosto de 2007 – mostravam como ele tocava bem bateria e percussão. O primeiro tem apenas 40 segundos e mostra Justin de camiseta e short, sentado no sofá, tocando um tambor africano chamado *djembe*. Esse tambor tornou-se muito popular entre os roqueiros e foi usado por praticamente todas as grandes bandas, dos Beatles ao U2. Justin sabe tocar bem, e esse vídeo, embora bem curto, mostrou ao mundo que o menino tinha muitos talentos musicais.

O segundo vídeo, postado em agosto, tem pouco mais de 2 minutos e nele podemos ver Justin de agasalho preto e branco e boné preto. Ele foi filmado no palco antes de um concerto ao ar livre não identificado, tocando uma bateria branca. Foi o primeiro show ao vivo de Justin de que se tem notícia, e nele o garoto mostra que ser pequeno em tamanho não significa que você não possa tocar bateria com vigor. Nesse mesmo dia, foi acrescentado um vídeo do show em si, e é possível confirmar que era ao vivo pelo claro som do vento batendo no microfone. O filme mostra Justin tocando "You and me", da banda Lifehouse. Ele está sentado num banquinho, tocando violão. Essa canção de amor foi lançada dois anos antes dessa filmagem, e nota-se que a interpretação de Justin agrada à plateia do concerto. As pessoas aplaudem no final, respondendo a um tímido "obrigado" de Justin. O que mais impressiona nesse vídeo é a postura dele, tão à vontade no palco.

Não admira o fluxo das respostas positivas dos navegadores sintonizados no YouTube. O boca a boca se espalhou como fogo em capim seco, falando sobre o incrível garoto canadense que tinha uma voz maravilhosa e um grande talento musical: "As pessoas estavam assistindo aos vídeos e assinando minha conta", lembra Justin. Ao mesmo tempo em que recebia mensagens de elogio, ele começava a receber pedidos de músicas, escolhidas pelo crescente fã-clube da internet. Outros fãs faziam perguntas ou comentários entusiasmados.

O curioso é que, embora Justin compartilhasse seus vídeos na internet com qualquer pessoa que acessasse o YouTube, ele se mantinha em silêncio sobre tudo isso com seus colegas de escola e amigos: "Não contei a meus amigos porque eles não tinham ideia de que eu sabia cantar", disse ele. "O que eles sabiam é que eu praticava esportes. No fundo, eu só queria ser um cara comum e sabia que eles passariam a me tratar de modo diferente se eu lhes contasse."

Justin sempre foi humilde, e se manteve com essa característica durante sua ascensão ao topo. Por isso, não é surpresa ele não ter se mostrado na escola, gabando-se de sua enorme popularidade na internet. Se tivesse feito isso, das duas, uma: ou seria uma boa resposta ao bullying que ele vinha sofrendo na hora do recreio, ou faria com que tudo ficasse pior, por mostrar aos intimidadores como ele era um cara popular no resto do mundo.

A popularidade crescia o tempo todo. As pessoas estavam fascinadas por Justin, e os contadores de acesso continuavam subindo no mesmo nível das respostas positivas que ele vinha recebendo dos espectadores. Entre os que faziam contato por meio de seu canal no YouTube estavam alguns representantes de uma empresa baseada em Toronto, chamada Rapid Discovery Media (RDM). Especializada em ajudar as pessoas a se promover usando a internet, a empresa só tinha dois anos de vida quando tomou conhecimento de Justin. Como declara em seu perfil no MySpace: "Seja você uma celebridade entre os tops ou uma pessoa ainda não conhecida, nossos especialistas estão aqui para ajudar a produzi-lo, a promovê-lo e a atingir suas metas financeiras".

A RDM estava impressionada com o talento de Justin e sentiu que poderia tornar ainda mais popular o seu já próspero canal no YouTube. Os agentes tinham poucas dúvidas de que aquele garoto possuía todos os ingredientes para se tornar uma sensação no mundo pop e sentiam também – combinando com o nome da empresa – que poderiam ajudá-lo a conseguir atingir essa meta mais rapidamente. Pattie e Justin tinham a mesma ambição, mas foram cautelosos e refletiram sobre a proposta e suas implicações antes de responder. Finalmente, concluíram que a Rapid Discovery Media parecia contar com profissionais experientes e espertos e resolveram trabalhar juntos. Não se arrependeriam dessa decisão.

A empresa fez jus ao nome, e agiu mesmo "rapidamente" em nome de Justin. Ela redesenhou o canal do garoto no YouTube, ofereceu sua experiência e conhecimentos técnicos para melhorar a qualidade e o apelo dos vídeos e também o ajudou a abrir uma conta no MySpace, uma das redes sociais mais populares do mundo. Além disso, começou a abrigar os vídeos de Justin em sua própria conta no YouTube, o que ajudou a angariar cada vez mais fãs.

Justin estava indo bem, construindo sua base de fãs por conta própria, mas, com todos aqueles especialistas jogando a seu favor e aplicando seu conhecimento e entusiasmo para contribuir com seu caminho, ele logo se viu pronto para seguir com mais vontade. Enquanto o ajudavam a construir seu fã-clube, os executivos da RDM insistiam para que Justin fizesse aquilo que fazia de melhor – gravar vídeos para seu canal no YouTube. E logo haveria novos filmes, que chamariam ainda mais atenção. Justin estava chegando cada vez mais perto de sua primeira grande oportunidade na indústria da música.

Vale lembrar que, enquanto tudo isso acontecia, Justin era apenas um adolescente normal, fazendo o que os outros meninos fazem. Conforme já dissemos, ele manteve silêncio na escola sobre suas proezas online. Continuou a praticar esportes, especialmente futebol e hóquei. Ia à escola e à igreja. O garoto brincalhão e gozador não tinha mudado em nada, nem mesmo quando seu canal no YouTube começou a transformá-lo rapidamente em uma celebridade da internet.

Enquanto a Rapid Discovery Media trabalhava firme para afinar e promover seu talento para um público cada vez mais amplo, Justin manteve os pés no chão, continuando a fazer aquilo que só ele sabia fazer, e melhor do que ninguém – ser Justin Bieber!

Muito mais gente notava seu talento de cantor no YouTube, então o garoto passou a receber pedidos de alguns dos espectadores de seus vídeos. Uma das canções que as pessoas pediam era "Do you", de Ne-Yo. Ele já havia provado ser capaz de fazer um belo cover da canção. Então, o novo desafio proposto pelos fãs foi uma forma de reafirmar seu talento.

Justin fez o upload do vídeo em setembro de 2007 e atraiu aplausos e comentários quase instantaneamente. No filme, ele usa camiseta branca e está de pé contra um fundo preto. Embora o vídeo não tenha sido iluminado corretamente, já apresenta um toque mais profissional do que os esforços anteriores. No momento em que canta o verso em que pergunta "por que você não pensa mais em mim?", há ali um elemento de ironia. Os fãs de Justin estavam pensando nele o *tempo todo* – e aguardando que novos vídeos fossem postados no site.

Mas não precisaram esperar muito tempo, porque na tarde daquele dia ele postou sua versão de "Wait for you", do americano Elliott Yamin. Yamin atingiu a fama depois de ter participado do reality show *American Idol*. Ele ficou em terceiro lugar na quinta temporada do programa, mas conseguiu conquistar uma carreira de sucesso por si mesmo.

Uma das mais pedidas entre os fãs, "Wait for you" é uma balada emocionante e lenta, e Justin a canta muito bem no vídeo. Seu hábito característico de colocar a palma da mão sobre o peito durante os versos mais sentimentais se mostra presente mais uma vez. O vídeo foi filmado dentro de casa, tendo sido o último a ser realizado lá: os filmes seguintes foram gravados em outros lugares, já que Justin queria manter certa variedade em seu canal.

Em outubro de 2007, Justin aparece numa gravação tocando ao vivo com uma banda de rock. Justin está na bateria da banda, conhecida apenas como The Amazing Kids. Os guitarristas são chamados JD e Alex Tintinalli, ninguém sabe o nome do baixista, e a banda está tocando a lendária "Free bird". Lançada pelo Lynyrd Skynyrd em 1970, "Free bird" se tornou muito popular, e pode ser uma canção muito longa – duranto até 15 minutos se for tocada ao vivo, com a maioria desses minutos ocupada por improvisos dos músicos.

Quando os Amazing Kids a tocaram ao vivo, estavam claramente seguindo esse modelo. Justin os guiou, dando o ritmo, criando uma batida constante e vigorosa em sua bateria preta. Sua performance em vídeo foi dividida em duas partes. Diz a legenda da segunda parte: "Justin leva as pessoas ao delírio na bateria neste clipe". Realmente, ninguém se decepciona. Como é hábito do baterista nessa música, ele toca com vibração, fazendo solos fantásticos e levando a música a uma conclusão estrondosa. É uma daquelas canções em que o baterista, normalmente relegado ao fundo do palco pela teatralidade dos outros membros da banda, torna-se o centro das atenções.

No final, o público aplaude com entusiasmo e um dos companheiros da banda pede uma atenção especial a Justin: "E lá está Justin na bateria, vamos aplaudir", diz o colega. O público responde imediatamente.

As coisas estavam mudando. Justin tinha postado um vídeo que se passava num local diferente: ele saira da sala de estar de sua casa e fora para o palco, demonstrando que se sentia pronto para seguir uma carreira profissional. Uma vez que podia tocar bateria tão bem num rock energético e cantar igualmente bem doces baladas e blues nervosos, estava provado que era um rapaz multitalentoso.

Quando gravou a canção seguinte para o YouTube, Justin nunca poderia ter sequer imaginado que, dentro de alguns anos, cantaria a mesma música de novo, mas dessa vez não para a internet, e sim para um público de muito prestígio, em um local incrível. A canção era "Someday at Christmas", gravada pela lenda do soul Stevie Wonder nos anos 1960. Sua mensagem idealista e cheia de esperança a levou a ser comparada a "Imagine", de John Lennon.

Essa música é muito poderosa, e a performance ao vivo de Justin foi surpreendente, de longe a sua melhor exibição até aquela data. Ele a interpretou com sua característica combinação de doce juventude e maturidade muito além de sua idade. Quando ele cantou os versos que falam de um mundo sem guerra e sem pobreza, o ouvinte conseguia acreditar, nem que fosse por alguns minutos, que aquilo de fato podia ser possível.

O vídeo foi postado em estado bruto em novembro de 2007, mas uma versão de melhor qualidade foi divulgada no mês seguinte, na véspera do Natal. Justin cantou tão bem que nem mesmo o jurado televisivo Simon Cowell, do *American Idol*, teria sido incapaz de encontrar uma falha em seu desempenho. Na época, Justin não imaginava que estaria cantando essa canção novamente, anos depois, dessa vez para o presidente dos Estados Unidos!

Entre a postagem desses dois vídeos, o garoto havia adicionado um filme dele cantando uma balada tocante, chamada "Set a place at your table". Ele aparece gravando a canção para um CD de Natal que foi vendido na região para arrecadar fundos em uma campanha contra a fome. A música é apropriada para a ação beneficente porque fala de colocar um lugar na mesa para alguém que esteja passando necessidade, e de como se consegue semear a esperança a partir dessa experiência. A voz de Justin raramente soou mais doce e mais emocionada do que nessa ocasião, recebendo apoio vocal de um coro.

"Muito bom," vem a voz de um produtor no final. "Obrigaduuuuuu," responde Justin. Quando a gravação termina, aparece uma mensagem piscante na tela: "Feliz Natal, deseja Justin Bieber".

O ano foi maravilhoso. Como resultado de suas ações para tirar partido do YouTube, Justin terminara o ano com milhares de fãs que nunca tinham ouvido falar dele no Natal anterior. Era um Natal feliz para ele e para Pattie, de verdade. Eles não faziam ideia do que 2008 iria trazer, mas devem ter suspeitado – nem que fosse apenas um pouquinho – de que grandes coisas estavam pintando no horizonte.

O primeiro vídeo do novo ano foi postado por Justin em fevereiro. Nele Justin canta "With you", de Chris Brown, e foi com ele que a influência exercida pela Rapid Discovery Media pôde finalmente ser notada pela primeira vez. O rapaz está usando um moletom bem legal, com uma estampa grafitada.

Justin começa sentado em um sofá, mas se levanta durante a execução da música e fica de pé até o final. Dá para ver pôsteres na parede, inclusive um dos Simpsons e outro do rapper Tupac Shakur. Justin canta com uma base de apoio instrumental, e o vídeo é mais bem iluminado do que seus trabalhos anteriores. A forma como dança e usa as mãos para expressar a letra deixa esta apresentação parecida com a que ele faria mais tarde, em "One time".

Mais uma vez o clipe recebeu, rapidamente, uma avalanche de respostas positivas e comentários excitados na web, mas alguns dias depois de ser divulgado, Justin recebeu elogios de um espectador inesperado: Chris Brown, o intérprete original da canção. Ele ficou impressionado com a versão cover de Justin e o cumprimentou pela performance: "Eu conversei com ele pelo telefone, sim", confirmou Justin.

Com elogios vindos de um cantor famoso, a confiança de Justin foi às alturas. Talvez ele estivesse realmente destinado a uma carreira de artista pop famoso. Então, todos os aplausos que vinha recebendo o encheram de esperança e determinação. Ele agora tinha um grupo de fãs e sentia que devia continuar com a música, até para manter esses fãs contentes. Felizmente, continuar com a música o deixou muito satisfeito também – então, todo mundo saiu ganhando enquanto Justin construía sua página no YouTube!

Mais tarde, naquele mesmo mês, Justin tirou o violão do armário e fez um cover de "Cry me a river". Ele usava um boné legal e estava sentado no sofá da sala de estar enquanto cantava aquela música cheia de clima, que havia sido um sucesso enorme na voz de seu xará Justin Timberlake em dezembro de 2002. Com ela o jovem Timberlake receberia um Grammy pela melhor performance pop masculina dois anos mais tarde. Como os fãs de nosso Justin esperavam, ele interpretou a canção perfeitamente, tanto ao violão quanto cantando do modo triste e comovente que a música exigia.

Justin ficou maravilhado com o telefonema de Chris Brown, mas nunca teria acreditado, na época, se alguém dissesse que ele seria o motivo de uma disputa entre Timberlake e outro pop star, com os dois desesperados para assinar um contrato com o garoto. Na legenda do vídeo, podemos notar uma explicação de como se pronuncia o sobrenome de Justin: "ele soa como Beeber" ("Bíber"). Como as notícias sobre seu talento se espalhavam rapidamente, Justin e sua equipe queriam garantir que seu sobrenome fosse pronunciado corretamente!

Entre os muitos artistas com quem Justin Timberlake havia gravado em duetos estava a cantora holandesa Esmée Denters, que também assinara contrato com a gravadora dele. Em 2 de março de 2008 foi postado no canal "kidrauhl" do YouTube um vídeo de Justin Bieber cantando "With you" novamente. Só que esse vídeo estava muito diferente da primeira versão. Vestindo boné e camiseta azuis e calção esportivo vermelho, Justin é visto em um local diferente de suas gravações anteriores. Ele está de pé em uma sala com cores vibrantes, e há um quadro de uma guitarra pendurada na parede amarela ao fundo.

Sentada no sofá bem na frente dele está Esmée Denters, e é para ela que Justin canta. Justin parece relaxado, e brinca alegremente com a garota enquanto canta – e mesmo aqueles momentos em que ele parece um pouco desconfortável acabam acrescentando mais graça ao vídeo.

Denters é seis anos mais velha que Justin, mas parece que seu desempenho lhe causou uma boa impressão: "Uau! Isso foi incrível, muito talentoso!"

Essa foi a prova de que seu canal no YouTube havia ido longe em pouco mais de um ano. Tudo começou com algumas filmagens feitas quando ele estava tocando no concurso Stratford Star, que foram postadas apenas para que os parentes e amigos mais próximos pudessem desfrutar de suas apresentações. Então, outros vídeos foram acrescentados, com Justin cantando e tocando em sua casa. Enquanto sua popularidade era construída, ele começou a variar os tipos de vídeo: em alguns, Justin tocava ao vivo, ora o violão ora a bateria; em outros, tocava teclado ou bateria sem acompanhamento. E agora ele cantava para uma artista conhecida.

A RDM, orgulhosamente, reivindica uma grande fatia de crédito do sucesso de Justin por conta da construção de sua popularidade no YouTube. O site da empresa ostenta a seguinte declaração: "A RDM foi responsável por impulsionar a presença de Justin Bieber no YouTube, colocando seu canal entre os

100 mais assinados de todos os tempos e tornando-o o músico nº 1 de seu país no YouTube, ampliando seu alcance de 100 para 100 mil assinantes. A RDM também criou e gerenciou sua página no MySpace, colocada no ranking das dez principais páginas de músicos de seu país, e em primeiro lugar em seu gênero, alcançando 50 mil amigos nos primeiros dez meses".

Justin se mostrava um exemplo claro de como os músicos e artistas em geral podem ser promovidos pela internet. Mas ele não foi o único a usar esse meio tão brilhantemente. A cantora britânica Lily Allen foi rejeitada por diversas gravadoras e tinha quase desistido de seu sonho de tornar-se uma pop star quando resolveu tentar uma vez mais. Lily postou versões "demo" de suas músicas no MySpace para testar a reação do público, e logo conquistou uma legião de seguidores. À medida que conquistava fãs no MySpace, a forma pouco convencional de promover sua música atraiu também o interesse da mídia, que escreveu sobre ela e a levou a atrair ainda mais interesse de novos fãs. Desde então, Lily Allen tornou-se uma sensação do mundo pop, vendendo milhões de cópias de seus álbuns e ganhando prêmios importantes, como o Mercury e o Ivor Novello.

Técnica muito semelhante foi usada pela banda indie britânica Arctic Monkeys, mais conhecida pelo single "I bet you look good on the dancefloor", que foi hit na Grã-Bretanha. Sua fama cresceu no MySpace, embora não se tenha certeza se essa foi uma tática deliberada da banda ou se foram os fãs que espalharam sua fama pela internet.

A cantora americana Savannah Outen também usou a *web* para se lançar, mas optou por percorrer o mesmo caminho de Justin – postar vídeos no YouTube. O primeiro deles foi a canção "Listen", do filme *Dreamgirls*. Ela recebeu muitos elogios e pedidos para gravar outros vídeos, e agora é uma artista consagrada, particularmente popular entre o público da Disney. Savannah fechou diversos contratos de publicidade, e seus vídeos no YouTube ultrapassaram os 50 milhões de exibições.

Praticamente o mesmo caminho foi seguido pela portuguesa Mia Rose. Ainda estudante, Mia começou a postar suas músicas no site durante as férias de final de ano em 2006. Antes que se apercebesse, o canal de Mia se tornou o mais assinado entre os intérpretes, e desde então ela iniciou uma carreira de sucesso, recebendo enorme atenção da mídia.

Da mesma forma, Esmée Denters, a estrela holandesa para quem Justin cantou em um de seus vídeos, foi contratada por uma gravadora como resultado de suas postagens. Ela foi outra das novas artistas a fazer campanha online, começando em 2006. Depois de chamar a atenção de um produtor de renome, acabou contratada pela Tennman Records, a gravadora dirigida pelo pop star Justin Timberlake.

Como veremos a seguir, existem mais paralelos entre a carreira de Justin Bieber e a de Denters. Outros artistas usaram a internet para fazer a fama decolar, como a cantora e compositora escocesa Sandi Thorn, que usou webcasts de maneira muito bem-sucedida. Hoje ela é contratada da gravadora RCA.

Algumas vezes, os artistas usaram a promoção gerada pelo YouTube para alcançar um patamar de maior popularidade em seu caminho para a fama. Não há melhor exemplo disso do que a superestrela de reality show Susan Boyle. Essa escocesa desconhecida fez uma apresentação memorável no programa inglês *Britain's Got Talent*. Quando Susan apareceu no palco e disse que desejava ser uma cantora de sucesso, a maioria da plateia – e os juízes – sorriu em descrédito. Ela não parecia uma estrela, e todo mundo duvidava que pudesse cantar como uma. Houve a expectativa de mais um momento hilário da tevê, como tantos outros candidatos que se achavam maravilhosos, mas eram péssimos.

Então ela começou a cantar "I dreamed a dream", e foi possível ver que Susan era uma cantora magnífica. A plateia toda se colocou a seu lado e, no final de sua apresentação, a candidata teve o teatro a seus pés. Certamente ela foi classificada para a próxima etapa, mas antes de a nova rodada acontecer Susan se tornou uma sensação no mundo inteiro, depois que um vídeo de sua apresentação foi visto por milhões de internautas. A cantora até então desconhecida se tornou uma das pessoas mais famosas do mundo – e ela só havia feito uma única apresentação em um programa de tevê na Inglaterra! Seu CD de estreia já vendeu milhões de cópias.

Quanto a Justin, ele diz que nunca "sonhou um sonho" e que foi, na verdade, pego de surpresa: "Nunca pensei que postar meus vídeos mudaria minha vida", disse ele. Mas, como a quantidade de seguidores no YouTube crescia cada vez mais, dia após dia, Justin começou a imaginar o que poderia fazer para tornar suas músicas ainda mais conhecidas.

Justin conseguira alguns fãs ao postar suas músicas no YouTube. Depois que a RDM se envolveu no negócio, sua popularidade aumentou ainda mais. E agora não eram apenas espectadores "comuns" que viam seus vídeos: como o telefonema de Chris Brown demonstrou, a indústria da música estava começando a prestar atenção ao garoto bonitinho vindo do Canadá. Em apenas sete meses, seus vídeos haviam sido exibidos 10 milhões de vezes!

Um dia, um cara que morava nos Estados Unidos meio que "tropeçou" no canal de Justin no YouTube. Ele clicou em alguns dos vídeos e gostou do que viu e ouviu. Gostou tanto que nem a sua vida nem a de Justin seriam mais as mesmas. Embora ainda não soubesse, Justin acabara de ter a chance que o levaria de imediato ao topo do mundo.

Tudo iria acontecer muito rapidamente – mais uma vez, Justin foi pego de surpresa: "A ideia de ser famoso nunca passou pela minha cabeça", ele disse. "Além disso, cara, veja só... Stratford, Ontário... uma cidadezinha de 30 mil habitantes no meio do nada? Era uma coisa que eu achava impossível acontecer. Por isso digo, devo tudo aos meus fãs e ao YouTube." Ele sempre fez questão de dar crédito àqueles que o ajudaram a conseguir as coisas na vida. Bem, logo haveria todas as razões do mundo para dar esse crédito.

Aguente firme, porque a história de Justin está prestes a entrar em uma montanha-russa...

4

O começo

A maioria das pessoas conhece a história da Cinderela. É um conto de fadas muito popular, que vem sendo repetido por gerações em livros, peças de teatro, desenhos animados e filmes. É a história de uma garota que enfrenta diversas situações difíceis para conseguir ir ao baile do príncipe. Existem muitas semelhanças entre a história de Justin e a da Cinderela, como uma pessoa-chave em sua vida salientou certa vez. Justin também fala da Cinderela em uma de suas canções. No seu caso, há uma multidão de candidatos a "fada madrinha" que o ajudaram a ir ao "baile real", embora a maioria deles seja do sexo masculino! Justin teve sorte, porém, pelo fato de seu talento e adorável personalidade o terem ajudado a fazer amigos e a ganhar admiradores por onde quer que andasse. Ele logo estaria no baile!

Ao mesmo tempo em que os vídeos de Justin iam sendo assistidos por mais e mais fãs, começaram a atrair um número crescente de caçadores de talentos, que estão sempre atrás da "próxima sensação". Alguns deles são profissionais sérios e honestos, com os contatos certos e o conhecimento para transformar artistas em estrelas promissoras. Mas existem os menos respeitáveis, que não devem ser levados a sério pelos jovens cheios de esperança ou por seus pais e parentes.

Pattie compartilhava e incentivava o sonho de Justin de levar sua arte a um nível mais alto, mas ambos eram muito cautelosos em suas ambições. A vida de Justin poderia não ter luxo, mas era repleta de amor. Por isso ele é um rapaz com a cabeça no lugar, e não um daqueles jovens que mergulham no desconhecido sem refletir. A primeira onda de ofertas que chegou ao conhecimento de mãe e filho veio de pessoas que gostariam de ser os futuros empresários do garoto, e foram educadamente recusadas. Alguns deles eram até muito insistentes, mas suas tentativas foram em vão. Como acontece com muitos artistas de talento, Justin era incentivado pelos mais íntimos a acreditar que um dia a oportunidade certa iria surgir – até que esse dia chegasse, o melhor seria esperar.

"Recebi um monte de contatos de muitos executivos de diferentes gravadoras, de uma porção de empresários e agentes", disse Justin à revista canadense *Maclean's*. Mas ele não agarrou a primeira oportunidade que apareceu: "Minha mãe ficava o tempo todo falando: 'Justin, acho que isso não vai dar certo, não vai funcionar. A gente não tem advogado, a gente não tem dinheiro pra contratar um advogado, e é melhor a gente não assinar um negócio sem saber do que se trata'. Foi por isso que a gente dispensou todas essas pessoas."

Enquanto Justin pacientemente esperava, sua mãe estava muito ocupada trabalhando por ele. Pattie, segundo se diz, teria contatado um advogado em Los Angeles, especializado na área de entretenimento, para pedir conselhos sobre a melhor forma de fazer avançarem as coisas para seu filho. Logo depois, ela foi procurada por um jovem que mudaria para sempre a vida de Justin.

Esse homem tinha visto alguns dos vídeos do garoto no YouTube e ficara atordoado com o que vira e ouvira. Ficou particularmente impressionado com o cover de "So sick", aquele em que Justin está com os memoráveis desenhos tribais no cabelo.

"Fiquei embasbacado com uma criança mostrando tamanho alcance de voz", rememorou, falando da noite em que assistiu ao vídeo pela primeira vez. "Então, decidi que ia começar a persegui-lo", acrescentou, brincando. Apesar da piada, o homem falava muito sério sobre Justin e seu potencial. Considerando sua reputação no mundo dos negócios, a aprovação desse homem não era algo que pudesse ser ignorado. Mas, afinal, quem era ele? E como conseguiu convencer a até então relutante Pattie a permitir que Justin assinasse um contrato com ele, de forma a realizar – e depois superar – seus sonhos mais ambiciosos?

Era Scott Braun – mais conhecido atualmente como Scooter Braun. Nascido em Greenwich, Connecticut, em 1982, 12 anos inteiros antes de Justin ter nascido, Scooter Braun é um empreendedor há muito tempo. Na escola, era um aluno muito popular e foi eleito presidente do colégio no Ensino Médio. Enquanto ainda estava em seu primeiro ano na Emory University, em Atlanta, começou seu primeiro negócio.

De certa forma, Scooter Braun era como Justin – ele queria ganhar seu próprio dinheiro para não depender de mesada; assim como Justin foi tocar violão nas ruas para ganhar alguma independência, Braun fez a mesma coisa ao abrir seu negócio. E, também como Justin, assim que Braun percebeu uma oportunidade, agarrou-a com as duas mãos. Por exemplo, enquanto ainda estava na universidade, ele observou que uma boate de Atlanta chamada Paradox esforçava-se para conseguir clientes nas noites de quinta-feira. Então, organizou uma festa nessas noites, com o acordo de que, enquanto a boate ficaria com os lucros das bebidas, ele ficaria com os da venda de ingressos. O dia chegou, mais de mil pessoas vieram – e Braun se encheu de dinheiro! Ele continuou organizando essas festas e logo conseguiu uma ótima reputação como promotor de eventos desse tipo.

Pouco tempo depois, o conhecido rapper Ludacris fez contato com Braun, que havia conhecido numa boate, e lhe pediu que organizasse suas festas enquanto ele excursionava pelos Estados Unidos junto com Eminem. Braun encarou o desafio e promoveu festas de sucesso em Nova York, Miami, Atlanta, Tampa e Hartford. Mal saído da adolescência, Braun já era um empresário de sucesso.

Ele largou a faculdade, o que deixou seu pai bastante chateado de início, mas logo a decisão se justificou. Sua reputação se espalhou, e ele passou a organizar eventos sociais para outras celebridades, além de começar a montar sua rede de relacionamentos no mundo da música.

Foi então que, um dia, recebeu um telefonema do produtor musical Jermaine Dupri, figura respeitada na indústria da música, que produziu álbuns de sucesso para Mariah Carey e Usher. Dupri estava muito impressionado com o histórico de Braun, por isso o contratou para sua gravadora, So So Def Records. Com sede em Atlanta, na Geórgia, ela é especializada em hip hop e soul music.

Braun teve uma ascenção rápida dentro da empresa, e logo alcançou o cargo de diretor executivo de marketing. Entre os colegas de trabalho, era conhecido por um título menos formal, mas com uma conotação positiva: "Hustla", termo das ruas, uma forma popular de escrever a palavra "hustler" (pessoa ativa, incansável). Braun gostava de ser chamado assim porque "é alguém que não aceita um não como resposta; é alguém que tem uma visão e um objetivo e trabalha para realizar isso, alguém que tira o traseiro da cadeira para fazer isso acontecer".

Muito antes de cruzar com Justin, Braun já era um homem em ascensão, dirigindo uma reluzente Mercedes CLK 300, organizando festas com celebridades top, como Britney Spears, e participando de eventos lado a lado de gente do naipe de Kanye West.

Braun era um sujeito com muita visão e trabalhava duro, um verdadeiro workaholic. Em 2004, com 23 anos, teve a coragem de deixar a So So Def porque queria montar sua própria empresa, que ele chamou de SB Projects. É uma empresa de promoções e entretenimento com uma variedade de projetos e ambições. Essa definição de campo de atuação está inteiramente de acordo com seu fundador, que sempre teve uma porção de coisas em andamento ao mesmo tempo, tanto que um amigo uma vez admitiu que não conseguia se manter atualizado com todos os empreendimentos em que Braun estava envolvido.

A SB Projects trabalhava com as indústrias de cinema, televisão e música, apenas para citar três das áreas de atuação da empresa. Sua lista de clientes é diversificada e inclui músicos, montadoras de automóveis e equipes de futebol americano, entre muitos e muitos outros. Braun se tornou tão bem-sucedido em campos diferentes que a influente revista *Billboard* certa vez o indicou numa pesquisa sobre os grandes líderes do ano.

Se existe algo que as pessoas que trataram de negócios com Braun poderiam dizer é que ele merece cada pedacinho de seu sucesso. Entretanto, estava prestes a levar sua já bastante vertiginosa carreira de sucesso para patamares ainda mais altos – e Justin viria a ser o veículo para essa viagem.

Logo depois de criar sua própria empresa, Braun tirou algum tempo de folga e foi assistir a um jogo de basquete. Como sempre acontece com Braun, mesmo quando está fora do escritório, ele acha difícil se desligar totalmente do trabalho. Ele vive para o sucesso, e sua mente está sempre inquieta, cheia de ideias e sonhos. Enquanto conversava, durante o jogo, com o empresário de Ludacris, Chaka Zulu, Braun resumiu seus objetivos para o futuro imediato.

O primeiro deles seria lançar o próximo grande artista branco do rap. Ele também explicou que pretendia contratar uma banda de garotas e um cantor jovem que "pudesse fazer como Michael Jackson – cantar canções que os adultos também gostassem, lembrando a eles da inocência que um dia sentiram ao amar". Os sonhos poderiam parecer muito grandes, mas Braun é uma daquelas pessoas que quase sempre conseguem o que esperam. Não se trata tanto de uma questão de sorte, e sim de determinação, energia e imaginação.

Ele descobriu seu rapper branco algumas semanas depois, quando contratou MC Asher Roth, que rapidamente alcançou o sucesso com "I love college". O álbum de estreia de Roth foi um dos Top 5 nos Estados Unidos. Quanto à ambição de Braun de encontrar o "próximo Michael Jackson", foi alcançada quando ele navegava na internet certa noite. Detalhando um pouco mais o que estava procurando, Braun disse: "Eu estava atrás de alguém que fosse como Michael. Alguém que cativasse não só as crianças, mas os adultos também". Assim que topou com o primeiro vídeo de Justin cantando, Braun achou que tinha encontrado a pessoa certa. Na verdade, ele ficou tão animado que achou mesmo que encontrara sua mina de ouro.

Como se vê, à medida que a história continua, foi quase por acaso que Braun deparou com a presença online de Justin: "Eu estava consultando um artista que Akon havia contratado para produzir, e procurava seus vídeos no YouTube", disse Braun, explicando que chegou a Justin por meio da função "vídeos relacionados" do YouTube.

"O cara estava cantando 'Respect', de Aretha Franklin, e havia um vídeo relacionado com Justin cantando a mesma música. Cliquei nele, pensando que era o mesmo cara, e percebi que o sujeito de vinte e poucos anos a que eu estava assistindo agora tinha doze." Sua reação ao ver o desempenho de Justin em "Respect" – uma das gravações feitas durante o concurso Stratford Star – foi de enorme excitação. Não apenas emocionalmente, mas fisicamente também! "Era tamanho o talento natural daquele moleque que senti um frio na barriga!", Braun afirmou. E, brincalhão como sempre, acrescentou: "Talvez eu não devesse contar às pessoas que assistia aos filmes de Justin Bieber no meio da noite".

Falando sério, Braun ficou mesmo espantado com a capacidade de Justin. Quanto mais vídeos do menino ele via no YouTube, mais sua admiração crescia.

"Fiquei realmente impressionado com, você sabe, como ele era novinho e já conseguia controlar a multidão, cantando com seu violão e, sabe, ele era um talento bruto, pronto pra ser lapidado", Braun contou mais tarde num programa de tevê. Será que esse menino iria realizar sua ambição de descobrir um novo Michael Jackson? Braun não tinha dúvidas. Ele lembrou: "Eu disse a mim mesmo: 'Preciso encontrar esse moleque!'"

Mas encontrá-lo seria um pouco mais fácil de dizer do que de fazer. Mesmo depois de ter descoberto o caminho que o levaria à família de Justin, não seria um processo simples convencê-la a assinar um contrato com ele. Pattie é uma mãe amorosa e responsável, que desejava ver Justin se destacar na vida, mas também queria protegê-lo da melhor maneira possível. Ela já havia, então, recusado algumas ofertas de pessoas que desejavam gerir a carreira do filho – e não estava pronta a levantar facilmente o braço protetor que colocara ao redor de Justin.

"Minha mãe ficava assim, tipo, 'Quem é esse cara?'", lembra-se Justin. "Daí foi lá e disse pro cara se mandar." Mas, entre as coisas que nunca faltaram a Braun estão ambição, determinação e energia. O que era bom, pois ele iria precisar de muito de cada uma delas para conseguir seu intento.

Então, como foi que ele fez para contatar Justin Bieber, o garoto do YouTube? Braun pensava, e com razão, que, o fato de um adulto abordar um garoto seria facilmente julgado como algo inadequado e sinistro. Se não fizesse isso de forma sensata, poderia estragar tudo logo no início. Assim, enquanto preparava o primeiro contato com Justin, Braun tomou providências para ser o mais claro possível e não demonstrar nada além das mais honestas intenções.

"Entrei em contato com a diretoria de escolas de três regiões diferentes, e contei-lhes que estava procurando aquele menino, e pedi que por favor pedissem à mãe que entrasse em contato comigo de um telefone cujo número eu não soubesse, assim ela não pensaria que eu era algum cara esquisito", Braun recorda. Porém, a coisa toda não foi tão simples assim. Ele teve que deixar mensagens em diversos lugares antes de conseguir um retorno.

Pattie esperava que Justin viesse a se tornar um cantor de estilo cristão, então se perguntou por que alguém de uma fé diferente tinha sido enviado para ajudá-lo. "Eu rezava assim: 'Deus, você não está querendo que esse cara judeu seja o empresário de Justin, está?'", contou ela mais tarde. Ela também estava preocupada porque aquele jovem, com um endereço do Gmail, "não parecia muito profissional". Estava claro que Braun precisava fazer um belo trabalho de convencimento.

Apesar de Justin e sua mãe inicialmente rejeitarem o convite para se comunicar com Braun, logo perceberam que ele estava muito ansioso para falar com a família. "Cara, ele era muito, muito, muito persistente", Justin disse para a *Billboard*, recordando-se das táticas de Braun. "Ele ligou até pra minha tia-avó e pro conselho de minha escola."

Nesse ponto, as táticas de Braun são semelhantes àquelas usadas por Simon Cowell muitos anos atrás, quando queria contratar dois atores que havia visto em uma série de tevê chamada *Soldier, Soldier*. Como os constantes telefonemas aos dois atores não os convenceram a assinar um contrato para gravar um álbum com ele, Cowell passou a procurar os parentes, na esperança de que pudessem convencer os rapazes. Ele acreditava que conseguiria produzir um álbum de sucesso e também tinha certeza de que, mantendo a pressão, com o tempo eles baixariam a guarda e entenderiam seu ponto de vista. As pessoas que se dão melhor na indústria do entretenimento parecem ser, muitas vezes, aquelas que enxergam uma oportunidade onde os outros não veem nada, e também têm a persistência necessária para transformar essa visão em realidade. Esse modo de agir fez maravilhas por Simon Cowell – e estava prestes a fazer o mesmo por Scooter Braun.

Finalmente, um belo dia Braun conseguiu falar com Pattie, e eles conversaram por mais de duas horas ao telefone. Como vimos antes, Pattie ligara para ele com a firme intenção de lhe pedir para deixar os dois em paz de uma vez por todas: essa seria a última vez que ela ouviria falar desse tal de Scooter Braun... ou pelo menos era isso que ela achava. Mas Pattie aprendeu a nunca subestimar o poder de persuasão do empresário! A persistência de Braun o havia trazido até aquele ponto, e agora era o momento de usar todas as reservas de seu charme.

Ele falou da sua admiração pelo talento e pelo potencial de Justin. Explicou o quanto amava música e que conhecia a fundo os mecanismos da indústria fonográfica. Justin, garantiu Braun a Pattie, tinha um futuro brilhante pela frente. Ele também a convenceu de que era o cara perfeito para guiar Justin nesse caminho. À medida que a conversa avançava, Braun relaxou e deixou que ela se desviasse para outras áreas. Aquilo seria importante para construir um relacionamento com Pattie, acreditava o empresário. Perguntado mais tarde sobre o que conversaram, Braun respondeu simplesmente: "Nós conversamos sobre a vida". Seu jeito com as palavras foi um elemento decisivo naquele dia, e, como resultado do telefonema, Pattie concordou que ela e Justin iriam discutir a proposta de Braun.

"Minha mãe estava com essa intuição", disse Justin. "Acho que as mães geralmente sabem reconhecer a intuição." Logo depois de mãe e filho conversarem sobre o assunto, eles concordaram em fazer uma reunião com Braun. "E aconteceu que a gente descobriu que ele era um cara legal", disse Justin ao *Toronto Star*.

Justin estava nas nuvens – literalmente, já que teve que voar para os Estados Unidos para se encontrar com Braun e passar algum tempo num estúdio de gravação. A reunião foi marcada por Braun sem nenhum tipo de obrigação; a ideia era que Justin e Pattie o encontrassem frente a frente e decidissem o que fazer depois. "Ele mandou uma passagem pra nós até Atlanta", disse Justin. "Eu o conheci, um grande cara, um cara íntegro mesmo. E logo a gente se conectou com ele."

Dizem que aquela teria sido a primeira viagem de avião de Justin e de sua mãe. No entanto, é bastante improvável que sua viagem de férias para a Flórida tenha sido feita por qualquer outro meio de transporte que não o avião. Seja qual for a verdade, o fato é que voar para os Estados Unidos para uma reunião com um homem influente no meio musical foi certamente uma experiência nova para o menino.

Ele estava animado e um pouco nervoso quando o avião decolou no Canadá. E as duas sensações aumentaram assim que pousou nos Estados Unidos, a terra das oportunidades e dos sonhos. Ele e a mãe correram para se encontrar com Braun. Era o início de um belo relacionamento.

Enquanto Justin e Braun começavam a "se conectar", ambos rapidamente construíram uma forte ligação pessoal. Embora Braun seja doze anos mais velho que Justin, eles compartilham algumas características-chave. Os dois começaram a sobressair em suas áreas de atuação na juventude; ambos são rápidos para detectar oportunidades. Braun cresceu em uma família mais privilegiada financeiramente que a de Justin, mas ainda compartilha a fome de sucesso que primeiro levou Justin a cantar nas ruas e, em seguida, a transformar seu canal no YouTube na ferramenta bem-sucedida de divulgação que se tornou depois. Por isso, eles se tornaram bons amigos rapidamente e logo ficou claro para os dois que queriam trabalhar juntos.

Braun não foi conquistado apenas pelo talento musical de Justin, mas também por sua personalidade cativante e, por vezes, atrevida. Justin tem a tendência a iluminar os ambientes em que entra e ganha fãs rapidamente. Braun não apenas enxergou naquilo um grande trunfo para a carreira do menino, mas também percebeu que seria divertido e gratificante trabalhar com uma pessoa como aquela.

O que aconteceu depois foi, de acordo com a lenda de Justin Bieber, uma estranha coincidência. Assim que Justin e Braun chegaram ao estacionamento do estúdio de gravação, eles se encontraram com um rosto muito famoso – o cantor de R&B Usher!

"[Ele] estava indo para o estúdio na mesma hora que eu, e então corri até ele o mais rápido que pude", Justin disse ao neonlight.com. Deixando de lado a timidez e sem querer perder a oportunidade, Justin foi atrás de Usher: "Eu falava assim, 'Usher, Usher! Eu adoro suas músicas, quer que eu cante uma pra você?' Ele se encontra com tantas pessoas todos os dias que perguntam se podem cantar pra ele e entregam demos que eu não consegui cantar", lembrou-se Justin. Em vez disso, Usher segurou a porta aberta para Justin e disse: "Não, carinha, basta vir pra dentro, está frio aí fora".

Hoje em dia, Justin adora tirar um sarro de Usher sobre como ele quase o deixou escapar pelos dedos. Felizmente, mais ou menos uma semana depois de Usher recusar a oferta de ouvir Justin cantar, ele viu alguns dos vídeos do garoto na internet e rapidamente decidiu que devia contratá-lo. Braun fora muito solícito e trouxera os links dos vídeos no YouTube e também uma cópia da demo que Justin havia gravado em Atlanta. Dessa vez, Usher ficou impressionado: "Cara, eu devia ter deixado esse garoto cantar", disse ele finalmente, depois de ter comprovado o talento de Justin. Usher decidiu que iria fazer isso e pediu a Braun para trazer Justin – que já havia voado para o Canadá – de volta a Atlanta.

"Eu me encontrei com ele novamente e dessa vez pude cantar", disse Justin. Usher ficou muito impressionado com o desempenho de Justin ao vivo: "Pela minha experiência, eu sabia exatamente o que faltava pra ele se tornar um artista incrível," disse.

Não admira que Usher tenha ficado impressionado com a atuação de Justin naquele dia – o garoto cantou uma de suas próprias canções! Justin escolheu "U got it bad", que foi o principal hit de Usher em 2001 nos Estados Unidos e vendeu bem em todo o mundo, alcançando o Top 5 no Reino Unido e na Austrália. No dia da audição, Justin estava usando seu habitual boné de beisebol virado para trás e um agasalho branco e azul com capuz, do Toronto Maple Leafs. Enquanto cantava, Justin casualmente colocou a mão esquerda no bolso do jeans e usou a mão direita para expressar seus sentimentos.

No meio da música, ele parou de cantar e descaradamente perguntou a Usher: "E aí, vai cantar comigo ou não?" Essa atitude foi muito confiante para um jovem, e Usher achou divertido o que aconteceu. No final, Usher aplaudiu, e Pattie emitiu um "Aaahh" orgulhoso, que se pode ouvir claramente no vídeo filmado por ela mesma.

De volta para casa, no Canadá, alguns dos colegas de escola de Justin não acreditaram em sua ligação com o lendário Usher: "Eu disse a todo mundo: 'Ei, eu conheci o Usher', e eles falavam coisas do tipo: 'Tá bom, valeu.'" Deve ter sido frustrante para Justin, e, sabendo que sua apresentação havia sido filmada por Pattie, Usher disse ao garoto: "Agora seus amigos vão acreditar em você".

Pattie postou o vídeo no canal do YouTube, e, no momento em que este livro está sendo escrito, ele já foi exibido mais de 7 milhões de vezes. É uma pequena fatia da história da música, porque captura o exato momento em que Usher decidiu contratar Justin para seu selo.

Então, qual foi o veredicto de Usher para o desempenho de Justin naquele dia? "Quando o conheci melhor, sua personalidade me conquistou", ele recordou mais tarde. "E, quando ele começou a cantar, percebi que estávamos lidando com uma coisa real. Sua voz se complementou com o tipo de música com a qual eu desejava me associar... Sua voz era mágica, e sua personalidade era penetrante", disse o cantor.

Justin estava bastante à vontade com tudo isso. Ele tinha chegado sem nenhum acordo com uma gravadora, e o pior que poderia acontecer seria voltar para casa na mesma situação – sem nenhum contrato assinado. "Eu não tinha nada a perder", explicou em um documentário da *ABC News*. "Quer dizer, se eu fosse mal, não teria um contrato pra gravar. Então, era melhor que estivesse lá me divertindo. Quer dizer, desde o começo foi isso o que eu sempre pensei, entendeu? Se você não estiver se divertindo, então por que fazer alguma coisa?"

Foi o mesmo princípio que ele havia aplicado quando entrou no concurso Stratford Star – e quando decidiu cantar com o violão em frente ao teatro: o principal objetivo foi sempre se divertir um pouco. As duas experiências o haviam levado ao sucesso, de diferentes maneiras, então a lição que Justin aprendera é que, se você continuar com o objetivo de apreciar o que faz, grandes coisas podem acontecer. Ele se divertia enquanto cantava para Usher, e isso transpareceu. Não admira que Usher tenha sido conquistado pelo jovem.

"Quando o conheci, soube imediatamente que esse garoto estava pronto para ser uma estrela", lembrou Usher ao jornal canadense *London Free Press*. Usher também tinha certeza de que era o homem certo para ajudar a guiar o menino ao estrelato. "Eu sabia que tinha muito a oferecer a ele, com base na minha própria história. Eu só queria ajudá-lo a contar sua história. Quando o vi, senti como se alguém me dissesse: 'Esse é o cara'. Ele vai ser uma estrela, ele vai ser o máximo. Isso é tudo o que eu posso dizer."

Usher não tinha dúvidas de que Justin era uma estrela em formação e de que ele era o homem certo para fazer isso acontecer. O único problema era que iria enfrentar uma forte concorrência pela assinatura de Justin. Com um produto jovem tão quente nas mãos, Braun não estava mais disposto a oferecer o contrato para apenas um selo, assim como Pattie não tinha estado inclinada a aceitar a primeira oferta de empresários que lhe chegara às mãos.

Na mesma ocasião em que Usher finalizara a descrição da proposta que faria para Justin, Braun tinha acabado de falar com mais alguém sobre a possibilidade de contratar o garoto. Esse "mais alguém" era nada mais nada menos do que a sensação pop Justin Timberlake!

Usher se lembra do momento em que percebeu que havia um rival atrás da assinatura do menino-maravilha: "Scooter me disse: 'Justin está interessado nesse garoto. Eu respondi: 'Que Justin? Você quer dizer Justin Timberlake?'". Braun confirmou que era justamente ele, e que iria voar para a Califórnia com Bieber a fim de que ele pudesse se apresentar para Timberlake.

Na verdade, tudo o que Usher poderia fazer naquela altura seria sentar e esperar que seu rival não conseguisse impressionar Justin, Pattie e Braun o suficiente para distraí-los de seus próprios encantos. Braun, que não estava brincando ao trazer um rival para dentro do jogo, explicou seu raciocínio ao abordar Timberlake: "Eu queria trazer outro artista para colocar sua marca em Justin, e Timberlake tinha acabado de contratar Esmée Denters para a Tennman (Records, o selo de Timberlake). Então eu pensei que ele poderia entender o que eu queria, fui falar com ele e percebi que ele estava 100% dentro".

Bem, ter uma pessoa como Justin Timberlake "100% dentro" era um tremendo impulso para a confiança de Justin Bieber, porque, se existe alguém que entende o que é preciso fazer para construir e manter uma carreira pop bem-sucedida, esse alguém é Justin Timberlake.

Nascido em 31 de janeiro de 1981 em Memphis, Justin Timberlake iniciou sua jornada para a fama no início da vida. Quando criança, era mais como um nerd na turma. Ao mesmo tempo, gostava de praticar esportes; era armador no time de basquete da escola. Até aqui, tudo normal – mas logo sua vida ficou muito mais interessante.

Ele tinha aulas de canto aos oito anos de idade e passou a competir na tevê americana, no concurso de talentos Star Search. Em 1993, se juntou ao elenco do programa de tevê *Clube do Mickey*, que tinha outras crianças que se tornariam grandes estrelas no futuro: Britney Spears e Christina Aguilera.

Quando o programa *Clube do Mickey* chegou ao fim, Timberlake não estava disposto a ficar parado. Junto com alguns amigos, formou uma nova boy-band chamada 'N Sync. Com uma grande equipe de empresários e produtores, a banda rapidamente conseguiu um bom contrato com uma gravadora. Foi lançada na Alemanha e se tornou um grande sucesso na Europa antes de escalar as paradas americanas e conquistar o sucesso mundial. O 'N Sync percorreu o mundo e fez sucesso em todos os países durante sete anos. Timberlake amava a fama e toda a diversão que vinha de seu papel na banda, mas foi quando ele se lançou em carreira solo, em 2002, que passou de estrela pop a celebridade do mais alto status. Seu primeiro álbum solo, *Justified*, lançado em 5 de novembro de 2002, foi um sucesso, mas o segundo álbum, *FutureSex/LoveSounds*, foi uma verdadeira explosão. Ele ganhou inúmeros discos de platina e vendeu milhões de cópias.

Timberlake ganhou o Grammy por seu trabalho solo e se tornou um galã, figurando em primeiro lugar em inúmeras pesquisas sobre os "homens mais sexies" do mundo. Namorou Britney Spears, e, na cerimônia de premiação do BRIT Awards de 2003, Timberlake tocou o famoso traseiro da lenda do pop Kylie Minogue durante um dueto memorável. Foram momentos como esse que fizeram dele um dos mais conhecidos e invejados artistas do mundo, honra agora desfrutada por seu xará, Justin Bieber.

A forma íntima como Timberlake veio para orientar Bieber no caminho da fama é bem interessante. Uma das canções mais conhecidas da carreira solo de Timberlake é "Cry me a river", da qual Justin Bieber gravou um cover em vídeo. Quando os dois Justin se conheceram, tinham ao menos isso em comum. A essa altura, Timberlake já havia montado a própria gravadora, e ficou então muito interessado em contratar Justin.

Antes que os dois se encontrassem, Braun havia falado, em detalhes, dos talentos de Bieber a Timberlake, além de mostrar-lhe os vídeos e tocar as demos: "Já tínhamos agendado esse encontro uma semana depois [após a reunião com Usher] para conhecer Justin Timberlake, porque ele também queria contratar Justin, por isso a coisa virou quase uma guerra de lances entre os dois", Pattie contou mais tarde em um programa de tevê. "Imagine só, duas das maiores estrelas pop querendo se envolver com meu pequeno Justin..."

Veja aonde o "pequeno Justin" havia chegado desde aquele dia decisivo em que a sua conta do YouTube fora aberta e o primeiro vídeo postado! Lá estavam duas lendas do pop ansiosas para contratá-lo para seus selos! "Eles dois meio que me queriam a todo custo", Justin relembrou. Ele estava animado com isso, naturalmente, mas não tinha ilusões quanto ao que havia em jogo. "Justin e Usher são rivais nesse meio, é claro", disse ele. Bieber estava surpreso e se divertindo por se encontrar no meio da disputa, mas se manteve confiante todo o tempo, porque sabia que não haveria nenhuma perda para ele.

"Foi uma loucura ter duas das maiores estrelas pop brigando por mim", disse Justin à *Billboard*. "Justin é um grande cara... Os dois são grandes caras... Mas, quero dizer, eu não me daria mal de uma ou outra maneira, entendeu?"

Ele adorou conhecer Timberlake em pessoa, e também sua namorada. "Eu estava muito mais animado para conhecer Jessica Biel, na verdade", disse ele sobre a namorada de Timberlake naquele momento. "Eles me convidaram para ir até sua casa, e assistimos juntos ao March Madness [um jogo de basquete]." Foram momentos divertidos, é claro, mas no final de tudo Justin sabia muito bem que teria que tomar uma decisão. Ele, Pattie e Braun discutiram as propostas dos dois rivais. Para Pattie, aquela era um decisão importante sobre o futuro de seu "pequeno Justin", que estava tão determinado quanto Braun a fazer a escolha correta. Escolheram Usher.

"A gente avaliou que a proposta de Usher era melhor", disse Justin. "L. A. Reid o apoiava e Scooter tinha um monte de bons contatos em Atlanta." Mas isso não significa que a proposta de Timberlake não o tivesse impressionado, fez questão de acrescentar: "Eu acho que ele é um grande cara e espero colaborar com ele no futuro", disse Justin.

Braun ficou satisfeito com a escolha, porque sentiu que assinar com um artista negro ajudaria o rapaz a se fazer compreender melhor pelo público. Apesar de Justin ser branco, o tipo de música em que mais se destacava era a soul music: "Aqui está este molequinho branco do Canadá cantando soul music com alma", disse Braun, explicando como o estilo de Justin poderia ser facilmente mal interpretado. "Ele precisava de alguém para fazer as pessoas entenderem o que Justin realmente era." Esse alguém seria Usher.

Uma vez que Usher havia sido escolhido como mentor de Justin, o próximo passo seria conseguir uma gravadora para contratar Justin oficialmente, de modo que o menino pudesse começar a trabalhar de verdade. Por incrível que pareça, o processo não foi muito fácil, porque Justin acabou encontrando certo grau de ceticismo por parte de alguns figurões da indústria: “Todo mundo das gravadoras dizia ‘não’”, recorda-se Braun. “Eles afirmavam: ‘Esse garoto é um cantor incrível e tem um talento espantoso, mas é muito jovem e não tem a Disney ou a Nickelodeon por trás.’”

Tendo em vista que muitos jovens artistas são lançados no mercado americano por meio desses dois canais de tevê para crianças – se forem um pouco mais crescidos podem tentar a sorte em reality shows como o *American Idol* –, Justin se destacava por ser uma exceção em oposição a essas bem estabelecidas estratégias de marketing.

Mesmo assim, Braun acreditava nele: “Eu queria que ele fosse o próximo Michael Jackson”, disse. “E literalmente recebemos um ‘não’ de todo mundo. Mas seu talento era inegável, e seu sucesso é uma prova de sua verdadeira capacidade.”

No entanto, para algumas pessoas dentro da indústria, aquilo era uma vantagem antes de ser uma desvantagem. Entre elas, estava o produtor musical Antonio Reid, que, do mesmo modo como todos os outros naquela ocasião, ficou instantaneamente bem impressionado quando se encontrou com Justin. “Achei que ele era um garoto maravilhoso, encantador, com muita personalidade”, relembra Reid, acrescentando que a falta de uma plataforma numa tevê de alcance nunca o desencorajou a fazer um contrato: “Nunca tive o benefício de um *American Idol* ou de um canal como a Disney. Talvez seja algo ultrapassado, mas nós ainda lançamos os artistas da forma tradicional. Muitas vezes, quando nos deparamos com essas crianças talentosas demais, pensamos nelas como estrelas de tevê em primeiro lugar, e a música vem apenas em segundo lugar. Com Justin, a música vem em primeiro lugar”.

Reid, produtor com algumas conexões muito influentes no meio musical, era exatamente o tipo de pessoa cuja aprovação Justin queria e precisava. Cofundador de uma gravadora independente chamada LaFace Records, Reid é também o presidente do Island Def Jam Music Group. Ele esteve envolvido no lançamento de muitos artistas conhecidos, como Pink, Avril Lavigne e o próprio Usher, que ele contratou quando tinha apenas 14 anos. Justin assinou com o selo em outubro de 2008.

Agora ele tinha um contrato para gravar e estava no caminho certo. Como Braun prometera, a carreira de Justin seria lançada de forma diferente: "Justin será o primeiro artista a tornar-se um superstar com base na internet e em mais nada", disse ele.

Como Justin se sentia ao se ver no limiar de um novo e emocionante desafio? E como havia chegado até ali? "Falando sério, eu nunca realmente pensei em ser contratado por uma gravadora ou nada parecido com isso", explicou, durante uma entrevista à *MTV News*. "Eu era apenas... É aquela coisa da sorte, mas quando isso me aconteceu eu imediatamente soube que era isso que eu nasci pra fazer."

Tendo sido brilhantemente orientado por sua mãe e por Scooter Braun, Justin sabia que ter alguém como Antonio Reid ao seu lado era mais uma grande vantagem. Com Usher como novo mentor, Justin tinha outro grande cara ao seu lado.

O primeiro conselho de Usher foi: "Continue humilde e permaneça no caminho certo, então tudo será possível". Justin faria o que estivesse a seu alcance para permanecer fiel ao conselho de Usher, e provou que as coisas mais incríveis podem acontecer. Quanto a Usher, ele ficou encantado por trabalhar com Justin. O cantor enfrentara a forte concorrência de Timberlake, mas, como se diz, ganhou o dia. Ele disse que quis fazer esse acordo pelo fato de vê-lo como algo de longo prazo, já que Justin seria, na opinião dele, um artista de vida longa: "Os grandes artistas amadurecem. Eu o vejo agora nessa idade e fico imaginando onde ele estará quando completar o círculo da verdadeira música, quando começar a ditar o som do futuro – estou ansioso pra que esse dia chegue. Quando o vi pela primeira vez, foi nisso que pensei. Não pensei em como ele era bonito, ou como tinha boa presença, ou como sabia dançar".

Enquanto estava perto de se tornar famoso, Justin fez sua primeira aparição televisiva. Ela aconteceu num programa chamado *100 Huntley Street*, transmitido por um canal de tevê religioso. Ele foi chamado para aparecer em um dos segmentos do programa, o "Full Circle", em que os convidados conversam num sofá. Pattie estava ao lado dele: "Sim, na verdade Justin não é apenas saudável, como eu peço quando rezo, mas é realmente talentoso", disse ela. "Ele está postando seus vídeos no YouTube e agora ele é o número 1 no Canadá em quantidade de assinantes em seu canal no YouTube, e o número 20 em todo o mundo."

As demais convidadas do programa falaram sobre a bela voz de Justin, que tinham ouvido em primeira mão quando ele fez uma apresentação nos bastidores antes de o programa começar: "Ele está sendo cortejado por diferentes gravadoras", Pattie continuou. "Justin Timberlake e Usher estão brigando para ver quem o contrata primeiro. Nós acabamos de assinar com um selo e vamos nos mudar para os Estados Unidos daqui a mais ou menos uma semana; é um grande passo. Justin tem uma longa jornada pela frente e grandes planos."

Quando as convidadas passaram a discutir o item seguinte, uma delas disse que a vida de Justin era como a história da Cinderela. Certamente a história de sua vida tem algumas pitadas de conto de fadas – e havia tanta gente fazendo o papel da "fada madrinha" que a experiência de vida de Justin estava prestes a se tornar ainda mais maravilhosa. Ele não estava apenas *indo* para o baile. Muito em breve, Justin seria a *estrela* do baile!

Havia muita emoção e encantamento reservados para ele logo ali, depois do horizonte. É bem possível que Justin nunca tivesse sequer sonhado com uma carreira na música pop, porque nem mesmo o sonhador mais imaginativo poderia ter evocado o que iria acontecer a seguir...

5

One time

Quando partiu em sua viagem para a fama, Justin estava naturalmente excitado, mas tinha algumas dúvidas sobre o lugar onde iria viver. Tudo acontecia rapidamente, por isso é perfeitamente compreensível que Justin se sentisse um pouco ansioso em relação ao que podia encontrar mais à frente. Se você refletir um pouco, seria estranho que alguém tão jovem não tivesse pensamentos e sensações contraditórios num momento como esse: "No começo, cheguei a pensar se era isso mesmo o que eu queria", confessou.

No entanto, dada a personalidade extrovertida demonstrada durante toda a sua vida e a confiança extraordinária que exalava quando fazia suas apresentações, não demorou muito para que Justin percebesse que aquilo era, realmente, o que desejava: "Eu adorava estar sob a luz dos holofotes", disse ele, "e ser o centro das atenções." Bem, assim que lançasse o primeiro single, Justin seria o centro das atenções. Mas, em primeiro lugar, precisava gravá-lo.

Embora tivesse gravado uma demo durante os primeiros encontros com Scooter Braun, essa era de fato a primeira vez em que Justin trabalhava em um estúdio de gravações "adequado". Que dia emocionante deve ter sido para ele quando entrou em um grande estúdio, cheio de instrumentos, microfones e outros itens legais: ele estava finalmente chegando aonde sabia ser seu lugar. Justin determinara a si mesmo a trabalhar duro e a provar que era capaz!

Mas ele não precisava se preocupar. Estava em boas mãos. Seus principais produtores musicais e compositores eram Terius "The-Dream" Nash, Tricky Stewart, Bryan-Michael Cox, Johnta Austin e Kuk Harrell. Esses excelentes profissionais ensinaram muito ao garoto – e ensinaram rápido: "Era minha primeira vez em um estúdio", lembra Justin, alegre. "Acho que minha emoção sempre esteve lá, mas sei como fazer as coisas de um jeito melhor agora, e minha voz se desenvolveu." Justin brincava algumas vezes, mas estava com vontade de aprender e sabia quando era hora de brincar e quando a brincadeira acabava e era hora de trabalhar.

No estúdio, para ajudar, de vez em quando, estava a figura experiente de Usher. No entanto, a orientação de Usher ia muito além da simples questão da música. Ele era, em todos os sentidos, um exemplo para Justin, por quem se sentia muito responsável. "Ele é muito protetor em relação a Justin", explicou Braun. "Usher vê a si mesmo quando tinha essa idade, e não quer que Justin cometa os mesmos erros que cometeu. Ele quer ver o garoto vencer. E uma das melhores coisas de ter Usher como parte da equipe é que ele entende o que Justin está passando. Ter esse recurso disponível para Justin é algo inestimável, é realmente uma bênção."

Quando lhe perguntaram sobre como estava progredindo seu relacionamento com o mentor musical, Justin se mostrou muito feliz: "Ele é como um irmão mais velho pra mim", disse sobre Usher. "Acabamos de sair e realmente não falamos muito sobre música. A gente costuma andar de kart e vai de vez em quando jogar videogame e ao cinema." Era como se Usher estivesse agora usando o mesmo manto que um dia foi usado por Chad Ritter, que dirigira até Stratford para entreter Justin quando ele era muito mais novo. Usher também deu conselhos importantes a Justin quando sua carreira progrediu e sua fama cresceu. Sem a atenção e a ajuda de alguém que havia passado pela experiência de como era ficar famoso de repente em uma idade precoce, o processo todo teria sido muito mais difícil para Justin.

Uma das grandes mudanças que Justin tinha que vivenciar dizia respeito ao local onde iria morar agora. Logo ficou claro que ele precisaria viver nos Estados Unidos, já que era lá que estava fazendo a maior parte do trabalho. Assim, ele e Pattie arrumaram suas coisas e levaram tudo para Atlanta. Justin não sentiu muita dificuldade para se acomodar, mas não demorou a notar as diferenças entre seu novo lar e a cidade que havia deixado para trás no Canadá: "Na minha cidade havia apenas 30 mil pessoas, mas em Atlanta há milhões", disse à *MTV*

News. "E eu não conheço [ninguém em Atlanta], mas todo mundo conhece todo mundo na minha cidade no Canadá."

Foi nesse novo ambiente que ele aprendeu rápido e cresceu como cantor, enquanto crescia – também literalmente – como ser humano. Justin passava por aquelas mudanças costumeiras que os meninos enfrentam na época da adolescência, e ao mesmo tempo teve que aprender a lidar com o fato de que o público estava cada vez mais consciente de sua existência. É verdade que a fama era relativamente menor se comparada ao estrelato em que vive agora. Mas, naqueles dias, era enorme e real o suficiente para testá-lo.

Eles trabalharam bastante em uma grande quantidade de material no estúdio, e a canção escolhida para ser o primeiro single de Justin, a música que iria lançar sua carreira "oficialmente", foi escrita pela experiente dupla de compositores Tricky Stewart e Terius "The-Dream" Nash. Eles vinham compondo juntos havia anos, produzindo especialmente canções nos gêneros hip hop e R&B. Foram eles que escreveram a música "Umbrella", o tremendo sucesso da cantora Rihanna. Essa canção ganhou um Grammy e foi a número 1 nas listas dos mais vendidos em diversos países, incluindo o Reino Unido, os Estados Unidos e a França. Os dois compositores também escreveram o sucesso de Beyoncé "Single ladies (Put a ring on it)", outro êxito mundial, escolhido pela revista *Rolling Stone* como um dos favoritos de 2008. Stewart também ajudou a escrever hits para Britney Spears, Mariah Carey e Jesse McCartney. Assim, a missão de compor o primeiro single de Justin Bieber estava em boas mãos.

A canção que escreveram e escolheram para ele foi chamada de "One time", e toda a equipe concordou que era a melhor música para o lançamento de Justin. Ela começa com uma batida e um coral semelhante ao utilizado para Rihanna em seu "Umbrella", e que têm sido usados nas músicas hip hop em geral. No entanto, em vez de entrar a voz grave de um rapper, ao contrário, os ouvintes são surpreendidos com a voz alta e doce de Justin cantando "Me, plus you" por três vezes, num cantar preciso. Ele então declara seu amor pela menina, que é o centro da canção. A música fala sobre a importância daquela garota em sua vida. Ela é o seu primeiro e único amor, e para o resto da vida. Naturalmente, suas fãs se identificaram com a música, muitas das quais sonham em se tornar essa garota! Os versos intensos continuam a retratar Justin e sua amada como uma parceria indestrutível, na qual seu mundo, suas lutas, até sua respiração são compartilhados.

Esses eram os tipos de sentimentos que Justin sempre gostou de colocar em suas músicas: "Adoro cantar sobre o amor", explicou à revista *Twist*. "Isso é o que um monte de meninas adora escutar, e é sobre isso que eu gosto de escrever." Do cantor para a fã – aquele era o início de um ótimo relacionamento.

Ao mesmo tempo, a importância que o futuro superstar dava a esse tema provocou algumas perguntas na mente de certos observadores. Desde o início de sua carreira, Justin tem sido algumas vezes questionado sobre o quanto um menino de sua idade entende sobre o amor e os relacionamentos. Para sermos justos, as pessoas que fazem essas perguntas a ele provavelmente sabiam mais sobre o amor na idade de Justin do que se lembram agora. Seja como for, Justin deixa claro que, às vezes, quando os jovens pensam que estão "amando", estão na verdade vivendo um tipo de amor que é diferente. “One time” fala, basicamente, sobre estar em uma relação típica de adolescente, isto é, ela é uma canção que pode dizer respeito e fazer sentido a qualquer um”, disse Justin ao site Digital Spy. “Sabe quando você é mais jovem e acha que aquele era o amor de sua vida, mas depois percebe que era apenas uma paixão de adolescente? É disso que a música fala.” Essa declaração mostrou grande maturidade e consciência da parte de Justin – e sugeriu que ele estava mais do que preparado para cantar sobre esses temas.

Quando Justin estava gravando essa canção, Usher fez um pequeno vídeo que foi adicionado ao canal de Justin no YouTube. O vídeo começa com o garoto na cabine de gravação, cantando o refrão da música ao microfone. Usher interrompe a música de fundo que Justin está gravando e aparece na cabine, falando para a câmera: “Eu vou parar você deste jeito, porque isto aqui é só uma propaganda. Senhoras e senhores, apresento a vocês o novo artista da Island Def Jam, Justin Bieber. Ele está pronto pra detonar. Só pra vocês saberem, estamos agora mesmo gravando no estúdio. Preparem-se, porque isto aqui vai ser grande. Não é verdade, Justin?” “Isso mesmo”, responde Justin com uma voz ligeiramente rouca. Então Usher conclui o breve vídeo dizendo: “Preparem-se, nós estamos chegando!”

O single encontrava-se mesmo a caminho – e todos na equipe de Justin estavam superconfiantes de que tinham feito um grande trabalho!

A escolha da música foi fundamental. O primeiro single de um álbum que está para ser lançado é importante porque é a melhor maneira de despertar o interesse do público por esse álbum. Quando a essa fórmula é acrescentado o fato de que era o primeiro CD de Justin, tornava-se de vital importância que tudo saísse perfeito. A equipe de produção fez um grande trabalho de mixagem nessa música. Todas as pessoas a quem eles haviam mostrado a música tinham ficado bem impressionadas, como explicou depois o empresário de Justin: "As pessoas não ouvem a música e dizem 'Ah, esse é um disco infantil'", afirmou Braun. "Ele é um garoto novo que canta com muito mais alma do que deveria."

Quanto a Justin, suas palavras finais sobre o single foram: "É apenas um disco pop divertido, e é uma música de que as garotas definitivamente gostam". A canção foi entregue para as estações de rádio americanas em maio de 2009, pronta para o lançamento oficial ao público em julho. Tudo o que Justin e sua equipe poderiam fazer era sentar-se com os dedos das mãos – e, se desse, os dedos dos pés também! – cruzados, esperando que o single fosse um sucesso. Eles mal podiam esperar para saber o que os críticos iriam pensar da canção e – o mais importante – quão bem esse single iria vender.

Enquanto aguardavam o lançamento do single, Justin e sua equipe adicionaram mais um vídeo ao seu canal no YouTube. O vídeo mostrava Justin sentado em um carro com o ator, comediante e rapper Nick Cannon. "Qual é o negócio, gente?", disse Cannon no início da gravação. "Estou aqui com o futuro, exatamente aqui a meu lado", acrescentou, referindo-se a Justin. "O futuro de tudo, o futuro do entretenimento – JB, também conhecido como Justin Bieber!" Ele então explica que estão passando por Hollywood e que antes tinham enfrentado alguns paparazzi. O vídeo mostra Cannon apresentando Justin para um bando de fotógrafos, cujas câmeras estão piscando freneticamente na direção do garoto – para quem esse ataque foi uma experiência totalmente nova. Ele logo iria se acostumar com isso.

"Nada disso aqui é sobre mim", Cannon diz ao pessoal da imprensa. "É sobre ele – perguntem ao Usher!"

O vídeo, em seguida, retorna para a calmaria do carro, onde Cannon explica para a câmera que ele e Justin haviam acabado de jantar sushi. "Mas [Justin] não foi com muita sede ao pote, ele é como eu – não caímos matando no sushi. A gente preferiu os rolinhos primavera." Justin então explica para a câmera que está em Los Angeles para gravar o vídeo de seu primeiro single. Referindo-se à canção, Cannon diz: "Que está pegando fogo! Aquele treco é doido! Já estou tocando direto em minha boate!"

Logo depois desse vídeo, Justin postou mais um no YouTube, enviando uma mensagem aos fãs enquanto a contagem regressiva para o lançamento de seu primeiro single continuava. "Oi, caras, aqui quem fala é Justin Bieber", ele começou. "Eu só queria agradecer a vocês por todo o apoio; vocês foram realmente incríveis. Eu não estaria nesta posição se não fossem vocês."

Ele explicou que estava promovendo seu single e que tinha aberto uma conta no Facebook, além do Twitter e do MySpace, e, naturalmente, de seu canal no YouTube. "Então é só dar uma olhada e muito obrigado pelo apoio", ele diz, no final do filme.

O lançamento aconteceria dali a alguns dias. Enquanto contava as horas para esse evento, Justin sonhava com as reações que a música iria causar...

No lançamento, a reação da mídia foi muito positiva. Aquela era, afinal, uma música verdadeiramente brilhante – e quem poderia deixar de se encantar com a história do garoto do Canadá que fora descoberto no YouTube? Na *Billboard*, Michael Menachem escreveu que "'One time' dá bastante espaço para a voz de Bieber brilhar, especialmente quando o jovem cantor se junta ao coro com muita confiança, conectando-se abertamente com seus fãs".

A VNU Entertainment News Wire disse que o single era "uma canção pop que deriva também da prevalência estética do hip hop teen". Sua previsão era que Justin, "já hoje é uma sensação online, certamente vai crescer a partir daqui, quando as pessoas que o ouvirem pela primeira vez correrem para descobrir quem é o rapaz atrás daquela voz". Essa crítica, e aquela que foi publicada no *Toronto Star*, comparavam Justin ao cantor Chris Brown quando tinha a mesma idade.

A imprensa canadense descreveu "One time" como uma canção "pop modulada como hip hop". Bill Lamb, escrevendo no About.com, chamou-a de "perfeito pontapé inicial para a carreira de Justin Bieber", enquanto na *Entertainment Weekly* Leah Greenblatt concluiu que, com a música, "Justin ganha a sua referência pop-soul genuína com essa reanimadora crônica do amor jovem". Quanto ao site da BBC, seu pessoal também ficou impressionado: "Sua batida e a mensagem melosa... são ingredientes perfeitos para atrair a garotada".

O single foi um sucesso, mas Justin teve que esperar um pouco antes de poder comemorar, uma vez que não foi um hit instantâneo. "One time" entrou em 95º lugar entre os Top 100 da *Billboard* e subiu até chegar à posição 25 da tabela. Na terra natal de Justin, o Canadá, o desempenho do single foi melhor, alcançando o 12º lugar. Também vendeu bem na Europa, incluindo Reino Unido, França, Áustria e Alemanha. Enquanto isso, chegou ao 6º lugar na Nova Zelândia. No Top 100 final de 2009 da *Billboard*, o single de Justin terminou na 89ª posição, e na tabela equivalente no Canadá, a colocação final foi o 81º lugar.

Justin estava animado com o sucesso precoce e ficou ainda mais feliz quando soube que "One Time" tinha conseguido o disco de platina no Canadá – o que significa que vendeu ao menos 10 mil exemplares só naquele país. Ele vai sempre se lembrar do dia em que recebeu as notícias sobre essa distinção. Justin estava tendo um dia de folga no Wonderland do Canadá, um parque de diversões muito popular em Toronto. No início da noite de domingo, 27 de setembro de 2009, ele atendeu a um telefonema que o informava que tinha recebido o disco de platina pelo seu single de estreia. Ele não podia esperar para compartilhar essa notícia com seu crescente exército de seguidores no Twitter: "Hj foi incrível", escreveu ele. "Recebi meu primeiro disco de platina no Canadá por 'One Time'! Nunca vou esquecer o dia de hj!".

Parte do sucesso da música se deve ao brilhante vídeo profissional que acompanhou seu lançamento. Novamente, isso foi uma coisa extremamente importante e que precisava ser feita com calma, porque era o vídeo que apresentava Justin, a primeira chance real de mostrar a todos que tipo de cantor era ele, que tipo de pessoa era ele. Foi esse vídeo que moldou sua imagem, que é o que mais importa no mundo do entretenimento. Os vídeos domésticos rudimentares postados no YouTube foram muito úteis para ele, mas agora era o momento de se apresentar a um público mais amplo, com uma abordagem mais profissional. Todos nós sabemos que a primeira impressão é a que fica, então eles tinham que fazer as coisas direito.

Felizmente, Justin não é o tipo de pessoa que sente a pressão quando está trabalhando em coisas como essa: ele estava, como sempre, muito ocupado, se divertindo! "Cara, foi muito legal sair da minha webcam e vir pra estes vídeos profissionais", disse ele. Como já sabemos, enquanto ele gravava o vídeo, se divertiu ao conhecer Nick Cannon e sair com ele para comer sushi. Mas, assim como havia tempo para a diversão, havia muito trabalho a ser feito.

Vashtie Kola foi contratada para dirigir o vídeo. Ela havia iniciado a carreira antes de L.A. Reid nomeá-la diretora de serviços criativos na Island Def Jam. Seu papel na gravadora era bem amplo e variado, e incluía ser "a responsável por manter o prédio na moda, alguém que estivesse em sintonia com o que fosse mais descolado nas ruas e nas tendências do pop atual". Ela é realmente descolada e estilosa, tanto que a revista *Vibe* uma vez a incluiu entre as "31 pessoas mais estilosas com menos de 31", matéria cuja lista trazia celebridades muito bem avaliadas em termos de estilo, como Kanye West e Justin Timberlake! Ela estava animada com a perspectiva de dirigir o vídeo de estreia de Justin. "Ele é supertalentoso e muito mais urbano, com cara de menino comum, do que qualquer uma dessas estrelas infantis", disse ela, enquanto voava para Los Angeles para fazer as filmagens.

Justin adorou Vashtie, e o sentimento foi recíproco. Os dois conversaram sobre skate, e Justin mencionou que era um grande fã de Terry Kennedy. Algumas vezes conhecido como Compton Ass Terry ou TK, Terry Kennedy é um skatista profissional bastante popular nos Estados Unidos. Vashtie percebeu que Justin era fã dele: "Telefonei pro meu brother e o chamei pra vir visitar Justin. Ele ficou mais do que contente por dar uma passadinha aqui. Terry é o cara mais doce que existe, sério". Terry deu mesmo "uma passadinha", usando uma enorme corrente ao redor do pescoço com um TK pendurado nela. Ele mostrou ao extasiado Justin algumas novas manobras no skate: "Terry passou algumas dicas sobre as manobras que Justin estava tentando fazer", escreveu Vashtie em seu site.

O vídeo foi filmado na mansão de Usher. Para Justin, foi uma ótima oportunidade para que ele visse em primeira mão o tipo de estilo de vida extravagante que pode resultar do sucesso pop. Quando deu uma volta pela casa de Usher, ficou impressionado e mais do que estimulado.

O vídeo começa com Justin e seu amigo Ryan sentados no sofá, jogando no computador. Justin consegue vencer o amigo e sorri enquanto diz: "Isso não foi sorte, foi habilidade!" Enquanto continua jogando, o celular de Justin toca e podemos ver na tela o nome de Usher piscando. Daí, aparece Usher sentado em um local diferente. "E aí, JB, o que está rolando?", pergunta ele. "Estou jogando no computador com Ryan", explica Justin. Usher então pergunta se o garoto pode cuidar da casa até ele chegar. "Claro, eu posso fazer isso!" "Tudo bem, valeu, cara", diz Usher.

Ao final do telefonema, Justin se volta para Ryan com um sorriso travesso no rosto. Ninguém faz cara de bagunceiro melhor do que Justin! Logo a dupla está mandando torpedos aos amigos, convidando-os para uma festa na mansão. Naturalmente, muitos garotos e garotas recebem a mensagem, e logo a casa e o jardim estão repletos de gente dançando e festejando. Para Justin, porém, somente uma menina da festa lhe interessa, de acordo com os versos da canção. Ele passa a festa inteira com ela, eles conversam e se abraçam na cozinha e são vistos mais tarde sentados em um banco ao lado da piscina. Justin dedica toda a sua atenção à garota e a faz se sentir especial. A atriz do vídeo seria em breve objeto de inveja de todas as meninas no planeta! Especialmente por causa da cena em que Justin lhe dá um beijo no rosto.

O vídeo termina em uma sequência cômica. Justin caminha em direção à casa, saindo do jardim, e vai direto para Usher, que acabara de chegar. Usher olha ao redor, vendo sua mansão lotada de jovens, e Justin se vira para a câmera com um sorriso travesso no rosto, antes de sair correndo.

Ao longo das cenas da festa, sequências com Justin cantando sozinho para a câmera são inseridas de tempos em tempos. Essas cenas foram filmadas da forma mais profissional possível, mas, para os fãs que acompanharam Justin desde antes de ele ser oficialmente famoso, são bastante familiares. Enquanto canta para a câmera, Justin usa as mãos para expressar suas emoções e para pontuar alguns versos, do mesmo modo como costumava fazer nos vídeos caseiros postados no YouTube. De modo geral, o clipe de "One time" é divertido e foi perfeito para lançar Justin como um grande cantor, definindo-o como um personagem engraçado e atrevido.

Amante da diversão e artista talentoso, Justin apreciou demais a oportunidade de trabalhar em seu primeiro vídeo promocional: "Foi uma loucura, mas foi também uma experiência incrível!", disse ele ao neonlimelight.com. Perguntado como se sentiu tendo compartilhando o set com Usher, Justin respondeu: "Bem, quer dizer, pra ser honesto, um monte de pessoas me faz perguntas do tipo: 'Deve ser maravilhoso ficar junto de um cara como Usher', mas, olha só, ele é apenas um cara normal como eu e você, por isso ficar com ele é como ficar com um amigo. Mas é legal. É legal ter uma de minhas inspirações no set ali ao meu lado".

Justin também estava contente por ter sido capaz de incluir seu melhor amigo no vídeo. "Sim, é o meu melhor amigo, o Ryan," disse ele à *Tiger Beat*. "Somos amigos desde pequenos. A gente jogava hóquei e ia à escola juntos". Outra das alegrias foi ajudar na seleção do elenco feminino do clipe – inclusive a da menina que faria o papel principal ao lado dele, nas tomadas finais! "Sim, eles me deixaram escolher," Justin confirmou, feliz. "Eu gosto de meninas com olhos bonitos e um lindo sorriso."

Quando o primeiro vídeo foi ao ar, em 12 de junho de 2009, muitas garotas gostaram do que viram. E ficaram ainda mais animadas no mês seguinte, quando Justin lançou um concurso relacionado a esse vídeo no seu canal no YouTube. Não é à toa que as meninas estavam animadas – quem ganhasse o concurso iria conhecer Justin pessoalmente! No vídeo que anunciava o concurso, Justin se encontrava no banco de trás de um carro. Estava, segundo explicou, "dando um tempo pra relaxar, tipo passeando pela rodovia". Em seguida, explicou como funcionaria o concurso: "Este aqui é o vídeo oficial da competição. A gente está armando um concurso pra ver quem consegue fazer o vídeo mais criativo pra promover meu single, 'One time'. Quem vencer vai ganhar uma passagem pra vir me conhecer, junto com um amigo. A gente vai sair e se divertir. Você tem o mês de julho inteiro pra preparar seu vídeo, então faça direito ou fique em casa. Justin Bieber desligando".

Foi um dia inesquecível para as felizardas que ganharam o concurso, Ali e Lyndsay.

O canal de Justin no YouTube provou ser uma ferramenta muito útil na promoção da sua carreira. Quando seu clipe foi disponibilizado na loja virtual iTunes, Justin anunciou essa novidade em seu canal. Em 23 de junho postou um vídeo em que dizia: "Oi, moçada, aqui é o Justin Bieber. Meu clipe está oficialmente no iTunes, então passem por lá pra dar uma olhada e comprá-lo". Conforme Braun explicou, ele vinha incentivando Justin a usar o YouTube cada vez mais, para mostrar que seus fãs tinham uma conexão especial com ele: "Eu queria em primeiro lugar construir uma presença forte no YouTube, por isso a gente providenciava sempre mais conteúdo. Eu disse: 'Justin, cante como se não tivesse mais ninguém na sala, mas não vamos usar essas câmeras caras'. A gente ia mostrar isso para os meninos e para as meninas, assim eles poderiam se sentir como se tivessem feito aquilo, como se qualquer um pudesse fazer aquele vídeo".

A ligação entre Justin e seus fãs foi presenciada em outra competição online, organizada em setembro de 2009. Justin anunciou o concurso em seu blog no MySpace. "O que você tem que fazer? É simples: envie um vídeo explicando ou mostrando por que você é [meu maior] fã para Your.Mtv.Com." O vencedor receberia uma menção de Justin quando ele estivesse se apresentando no MTV Music Awards.

"Ver o pessoal todo participando me faz sentir muito bem", disse Justin, durante uma conversa com o *MTV News*. "Pedir que façam um vídeo pra mim foi demais. Quer dizer, sem os meus fãs eu não estaria aqui, então, pode crer que sou grato a todos eles. Caras, continuem mandando seus vídeos, eles são fantásticos; continuem mandando."

Dessa vez, a vencedora foi Tricia Matibag, de Ottawa. "Eu fiquei muito feliz", ela disse à *MTV News*. "Chamei minha melhor amiga porque ela é assim, tipo, fã. Ela foi à minha casa por acaso e me pegou gritando muito! Eu amo [Justin]... e ele fez o meu ano inteiro ser o máximo!" Questionada sobre por que amava Justin tanto assim, Tricia respondeu: "Eu adoro que ele seja apenas um cara normal do Canadá como eu e que seu sonho tenha se tornado realidade. E ele também é realmente bonito e um cantor incrível".

Logo após o lançamento de "One time", Justin viveu um momento que apenas uma estrela pop pode viver: a primeira vez em que ouviu sua música no rádio! "Eu estava no carro", contou ele à *Disney Total Access*. "Resolvi mudar de estação e foi tipo: 'O quê?', e voltei rapidinho. Eu estava com minha mãe, e nós ficamos assim meio sem saber o que fazer. Eu pensei, 'Cara, isso é muito estranho!' A gente ficou ouvindo a música por alguns segundos e daí eu mudei de estação." Foi um momento emocionante para Justin, mas talvez ele tenha percebido naquela hora que devia ser algo com o que se acostumaria logo.

Enquanto isso, lá na frente, ele tinha um álbum para lançar. Mas, antes mesmo que o álbum estivesse à venda, Justin já impressionava os executivos da indústria da música ao estabelecer um novo recorde: tornou-se o primeiro artista solo a ter quatro músicas de um álbum de estreia no Hot 100 da *Billboard* antes mesmo de o álbum ser lançado.

A façanha de estabelecer um novo recorde na indústria sendo tão jovem, e tão rapidamente, mostrou novamente que o futuro de Justin é brilhante. Muitos cantores pop mantêm suas carreiras por anos – e até mesmo por décadas – sem nunca terem quebrado um recorde tão importante.

A primeira dessas quatro músicas decisivas foi, obviamente, "One time". Ela foi seguida, em 6 de outubro, por "One less lonely girl", uma doce balada que começa com Justin dizendo: "Ok, vamos lá". Então ele canta sobre as dores da alma, a solidão e as decepções que a garota da música está vivendo, e promete que dará um fim em tudo isso. Promete colocá-la em primeiro lugar e lhe mostrar o seu verdadeiro valor. Justin continua cantando, afirmando que, se ao menos ela lhe permitisse fazer parte de sua vida, então ele poderia garantir que a garota nunca mais ficaria sozinha de novo. O charme da música vem no final, quando ele diz: "É só você, gata!" – e dá uma risadinha.

É uma bela música, que muitos fãs consideram a melhor de Justin até o momento. Foi escrita pelo amigo e mentor de Justin, Usher, junto com outros compositores, incluindo Ezequiel Lewis. Essa canção, um pop sincero e cativante, foi apreciada tanto pelos fãs quanto pelos críticos. Crystal Bell, da *Billboard*, ficou impressionada: "Assim como ele fez em seu primeiro single, 'One time', Bieber apresenta agora mais um forte argumento para a afirmação de que ele é o próximo queridinho da América no pop e no R&B." "Eu vou colocar você em primeiro lugar, eu vou mostrar o quanto você vale / Se você me deixar entrar em seu mundo", canta Justin. É difícil resistir a esses versos, especialmente quando são acompanhados de um arranjo que segue a linha de baladas de sucesso como "With you" e "Irreplaceable". Embora as letras sejam genéricas, a suave entrega de Bieber vai direto ao ponto, e seus vocais combinam bem com a fluência agradável da melodia.

Justin também adora essa música e a mensagem que ela passa às meninas. "Acho muito importante essas meninas terem algo pra elas, assim cada uma vai ser uma garota solitária a menos", declarou à *MTV News*.

O clipe é muito divertido. Ele mostra um Justin encantado por uma garota que vê em uma lavanderia. Enquanto ele está por lá com seu violão, percebe uma garota lavando suas roupas – e gosta do que vê! Justin e a menina trocam alguns sorrisos tímidos e ao mesmo tempo atrevidos, e em seguida ela vai embora. No caminho ela deixa cair acidentalmente seu lenço vermelho. Justin o pega do chão, pensa rapidamente e abre um imenso sorriso. Não é por acaso que ele ficou tão contente – havia encontrado um modo de se aproximar da garota de seus sonhos!

O resto do vídeo mostra as tentativas de Justin de conquistar sua paixão. Coloca setas na rua, apontando para ele, e deixa fotografias de si mesmo para que ela possa ver que foi ele quem colocou as setas. Quando ela volta à lavanderia, procura o rapaz, mas não o vê por ali. A garota fica desapontada, mas logo em seguida descobre o bilhete que Justin havia deixado para ela. "Estou com seu lenço", diz o bilhete. "Se você o quiser de volta, venha me procurar." À medida que ela segue a trilha de bilhetes de Justin, descobre que incluem promessas românticas. Agora sim ela fica muito mais interessada e continua a seguir a trilha.

Enquanto o vídeo continua, sua próxima parada será em frente a uma pet shop. Lá, Justin já havia sido fotografado rodeado de cachorrinhos. Ele sabe mesmo como conquistar o coração de uma menina! O bilhete deixado na pet shop está acompanhado das fotos e da promessa de afogá-la em beijos. Ninguém ficaria surpreso em saber que a garota continua seguindo as setas, que acabam por conduzi-la até uma barraca de flores, onde o próximo bilhete lhe promete flores, e outro diz que Justin "vai fazer cada momento ser mágico". Finalmente, ela descobre que Justin está de volta à lavanderia. Ele usa camisa branca de manga curta e camiseta azul, e lhe devolve o lenço vermelho. Naturalmente, esse não é o fim da história, e os dois logo se abraçam e dançam. Doce, divertido e romântico, o clipe é perfeito e faz justiça aos temas abordados na canção.

Como Justin revelou à *MTV News*, ele trabalhou com um parceiro experiente na realização desse vídeo. "Gravei esse filme com Roman White, que dirigiu 'You belong with me', de Taylor Swift", disse ele. "Então vai ser muito divertido." Taylor Swift é uma cantora americana de música country e de canções de estilo pop. Sua carreira iria coincidir com a de Justin novamente no futuro.

Quanto a White, ele tem pedigree para fazer vídeos. Produziu muitos deles para a vencedora do *American Idol* Carrie Underwood. Ele já havia definido que aquela seria uma experiência bastante divertida para Justin Bieber. Esses clipes duram cerca de quatro minutos, mas podem demorar dias e até semanas para serem feitos. Enquanto Justin estava extasiado por ter uma carreira pop e se mostrava mais do que disposto a trabalhar duro, todos em sua equipe sabiam que ele era ainda um menino e que teria de ser entretido durante todo o processo.

Mas eles não precisavam ter se preocupado tanto. O senso de humor de Justin veio à tona mesmo enquanto trabalhava nas filmagens. Usando moletom verde com capuz e camiseta cor-de-rosa, ele estava fantástico enquanto gravava as cenas ao ar livre. Algumas das paredes foram pintadas na mesma tonalidade rosa de sua camiseta, o que deu ao vídeo um colorido excelente. E Justin usava sua marca registrada de apontar o dedo toda vez que cantava "um" no refrão.

O vídeo foi filmado em Watertown, Tennessee, uma cidade pequena, simpática, que deu ao filme um tom colorido e de agradável inocência. Justin, ele mesmo um garoto de cidade pequena, ficou muito contente ao desembarcar ali. Olhando em volta, brincou: "Esta é a maior cidade onde já estive, de verdade!". Depois, um pouco mais sério, acrescentou: "Não, é muito legal, pequena, pitoresca e bonita. Todos provavelmente conhecem todo mundo, eu acho". Ele estava curtindo a experiência, e disse à equipe: "Cara, estou adorando!".

Quando gravaram a cena na pet shop, Justin amou brincar com os filhotes. Os cachorrinhos ficaram um pouco excitados também – um pouco demais até. Um deles acabou se aliviando em cima de Justin: "Houve um problema de xixi nas filmagens", confirmou Roman White, com um sorriso. Foi um xixizinho pequeno, e o caso foi rapidamente resolvido, de forma que as gravações puderam continuar. Justin adorou os cachorros mesmo assim – ele sabe perdoar!

Em outro bate-papo nos bastidores, Justin explicou o que aquele "colar com plaquetas" que usava significa. Esse colar virou, desde então, quase que uma marca registrada de sua imagem, quase tanto quanto o seu famoso penteado: "Na verdade, foi uma fã quem me deu isso", explicou. "E eles disseram que era de um amigo muito próximo que esteve na guerra e faleceu. Então, eu uso porque é legal, e é um tipo de recordação e de homenagem." Ele disse também que usa isso "para suas fãs".

De volta às filmagens, durante algumas das brincadeiras entre as tomadas, o diretor White provocou Justin sobre a aparição de Pattie, sua mãe, no clipe. "Por alguma razão, o Justin tem que ter a mãe dele aparecendo em cada um de seus clipes", disse White. "Acho que é porque ele ama a mãe, e é legal você ter amor por sua mãe!" Justin concordou com metade do que White falou: "Claro que é legal você amar sua mãe", ele confirmou, "mas eu não preciso tê-la em todos os meus vídeos." Depois de muitas horas de trabalho, as filmagens finalmente terminaram. Assim que o diretor informou que estava tudo pronto, Justin ficou feliz, levantou o violão no ar e gritou: "Feito!"

O vídeo foi um deleite para os fãs. Muitas das meninas sonhavam em ser cortejadas pelo seu herói, e foi muito divertido para elas assistir ao sonho na tela. Elas agora podiam imaginar que um dia talvez estivessem no lugar da atriz que fez o papel principal! O pessoal do blog da MTV Buzzworthy ficou impressionado. Observando que a locação escolhida fora uma pequena cidade, não deixaram de concordar com a opção: "E por que não? Esse garoto não seria uma fatia da torta de maçã esfriando sobre o parapeito da janela de todos os sonhos das adolescentes americanas?" Depois de notar que a lavanderia era muito bem conservada, o blog concluiu: "Existem algumas sequências de esconde-esconde com um lenço que, ao final, vão levar ao seu jovem amor. E seu coração fica aquecido!"

O site da AOL também adorou o clipe, e a colunista Stacey Hinojosa deixou claro o que ela considerou o seu destaque: "E então, como se o vídeo já não fosse suficientemente agradável, eles ainda trouxeram os cachorrinhos!"

Justin se manteve fiel às suas raízes na internet quando escolheu fazer a grande estreia desse vídeo em um blog de celebridades. "Ele é o mais quente fenômeno tween do planeta na atualidade", escreveu o blogger Perez Hilton ao apresentar o clipe. Em seguida, o filme foi lançado no iTunes e mostrado no YouTube, assim como no site oficial de Justin.

O terceiro single a formar o quarteto de hits que precedeu o lançamento do álbum foi chamado de "Love me". Esse foi um lançamento digital, disponível apenas para compra via download. É uma faixa otimista que no refrão dá uma amostra de outra música pop bem conhecida.

Em 1996, uma banda chamada The Cardigans lançou uma música fácil de lembrar chamada "Lovefool", que fez parte da trilha sonora do filme *Romeo + Juliet*. Assim, enquanto os fãs de Justin ouviam "Love me", seus pais e parentes mais velhos prestavam bastante atenção e ficavam se perguntando se já tinham escutado aquela música antes...

A revista *Entertainment Weekly* certamente aprovou a amostra da música dos Cardigans, dizendo com um toque de aplauso que "ele usa o *riff* de 'Lovefool' dos Cardigans criando um *electroglam* matador". A MTV descreveu a canção como "uma faixa *clubber* em tela grande, que traz um sintetizador borbulhante e no qual Bieber exibe seu sussurro eletrônico que é sua atual assinatura". A BBC fez uma observação similar, descrevendo a música como "uma reinterpretação eletrônica de 'Lovefool' dos Cardigans, em que Bieber exibe o tipo de atitude correta, brincalhona e carinhosa". A escolha do terceiro single veio com uma surpresa para o próprio Justin. Ele pensava que a música seria uma versão acústica de "One time" e falava isso em seu Twitter. No entanto, após a mudança de planos, ele tuitou em letras maiúsculas: "NOVA MÚSICA – INÉDITA – CHEGA AO ITUNES NA PRÓXIMA TERÇA – COMO SE CHAMA? LOVE ME – gostou??? então espalhe". Ele também foi pego um pouco de surpresa pela data de lançamento, 26 de outubro, um dia antes do que esperava. "É verdade", tuitou depois. "LOVE ME vai sair um dia mais cedo no iTunes. Também fiquei surpreso. Acabei de comprar. Por favor, deem uma força. Ainda estou mal. Valeu pelos votos de melhora."

Apesar de ter sido lançada apenas para download, "Love me" vendeu bem. Alcançou o número 12 entre as mais vendidas no Canadá e o 37º nos Estados Unidos, tendo bons resultados na Grã-Bretanha e na Austrália, na medida em que a fama e a popularidade de Justin se espalhavam como grãos de areia soprados pelo vento ao redor do mundo. Pessoas em todos os lugares começavam a perceber que ele era um grande talento.

O quarto single a ser liberado antes do álbum foi outra canção de amor, chamada "Favorite girl". De todos os singles produzidos até aquela data, esse foi sem dúvida o mais acelerado. A música trazia os sabores do R&B e tinha um sintetizador notável, o que lhe dava um ar mais moderno em relação às músicas anteriores. Foi composta por uma equipe de artistas que incluía Antea Birchett e Delisha Thomas.

A primeira música surgiu durante uma memorável competição no YouTube entre Justin e Taylor Swift. Primeiro Swift postou um diário de sua turnê. Esse diário usava como trilha sonora a música de Justin, "One time". Quando ele foi alertado sobre isso por uma de suas fãs, achou que tinha sido gozação: "Eu assisti e achei muito legal", afirmou. "Ela estava fingindo que dublava a música!" Justin decidiu então dar uma resposta rápida. Então, como vídeo "de resposta", ele postou uma gravação sua tocando "Favorite girl" acusticamente, só com o violão.

Foi um vídeo deliberadamente alegre e bem-humorado. "Justin 'Johnny Cash', Bieber" apresenta 'Favorite girl'", disse no texto de abertura. "E aí?", diz Justin, que está de óculos escuros e sentado com seu violão ao lado de outro guitarrista, logo no início do vídeo. "Bieber Cash", acrescenta, em seguida, apontando a câmera: "Esta música aqui é dedicada a você, Taylor Swift... Esta é uma canção que eu nunca toquei antes pra ninguém. Só pra você. Ela se chama 'Favorite girl', porque você é minha garota favorita. Justin Cash, Bieber Cash. Vamos lá."

Em seguida, ele canta e toca a música, acompanhado por seu próprio violão e pelo colega mais velho. Quando a música acaba, anda para mais perto da câmera e diz: "Bieber Cash, Cash Money, Taylor Swift – paz". O texto que aparece no final do clipe tranquiliza as fãs que talvez pudessem ter se sentido enciumadas pela serenata online para Taylor Swift: "Não se preocupem, meninas, vocês são as minhas 'Favorite girls', ah ah ah!"

Bela jogada, Justin!

Ele postou esse vídeo em 20 de agosto de 2009. No texto que o acompanhava, Justin escreveu: "Ei, caras, sou eu, Justin. Eu vi que Taylor Swift usou minha música em seu último vídeo. Ela estava cantando com suas amigas, se divertindo e fazendo papel de boba, então decidi me divertir também e fiz este vídeo como resposta. Este é um dos meus alteregos, Bieber Cash... ah ah... (Johnny Cash, entendeu? Não? ok :P) A canção faz parte de meu novo álbum, *My world*. Espero que vocês gostem. Espalhem por aí. Obrigado – Justin".

Essa é a história por trás da música, mas foi apenas em novembro que Justin lançou oficialmente a versão de estúdio. Naquele dia, ele marcou o lançamento fazendo uma exibição no *Ellen DeGeneres Show,* o talk-show diurno de maior audiência na tevê americana, apresentado por uma comediante que, desde então, se tornou também jurada do reality show *American Idol* – e você realmente está por cima se for convidado para aparecer nesse programa.

Ao apresentar Justin, DeGeneres disse: "Nosso próximo convidado tem a espantosa marca de 80 milhões de acessos no YouTube com apenas quinze anos de idade. Aqui, para fazer sua estreia diurna na televisão, por favor, recebam o adorável

Justin Bieber!" Vestindo camisa verde xadrez, Justin apareceu no palco e cantou um *medley* de suas canções. Ele começou cantando alguns versos, sem acompanhamento, de "Favorite girl" e, em seguida, passou para "One time", completa, com o apoio do playback e de dançarinos. Foi uma apresentação vibrante, e o público logo ficou de pé, dançando junto com ele. A apresentadora, enquanto isso, sorria. Ellen não podia dançar, por causa de um machucado, mas ficava evidente que ela gostaria muito de fazer isso.

"Eu só quero dizer que nunca me senti mais velha em toda a minha vida", disse ela a Justin quando ele se aproximou para a entrevista. "Normalmente eu estaria pulando pra cima e pra baixo e correndo pra todo lado. Você não poderia ser mais adorável." Ellen então fez menção à lotação da plateia, contando que muita gente não tinha conseguido entrar. Essa gente toda, uma multidão composta basicamente por fãs de Justin, estava desesperada para ver seu ídolo, então Ellen chamou duas delas para virem se sentar na primeira fileira – a poucos metros de seu querido. Que meninas sortudas!

DeGeneres perguntou a Justin como tudo começou, e ele contou a história do upload de seus vídeos no YouTube para compartilhar com seus amigos e familiares. "Acho que meio que, explodiu em visitas", acrescentou. Ela perguntou que conselho Usher havia lhe dado. "Sempre continuar humilde", respondeu. "Acho que isso é o mais importante. Se eu continuar humilde e não sair do caminho certo, tudo é possível."

"Exatamente", a apresentadora concordou. "Você tem talento, você tem carisma, você é tão bonito quanto poderia ser... não poderia ser mais bonito. Quer dizer, você poderia estar no seu apogeu exatamente agora – tome cuidado. Você é lindo, não consigo imaginá-lo ficando ainda mais lindo. Mas... esse negócio é uma loucura, uma montanha-russa, então mantenha mesmo os pés no chão."

DeGeneres passou a falar sobre quantas fãs ele tinha e como elas eram dedicadas ao seu ídolo. "E você tem confiança, e não arrogância, e eu gosto disso. As pessoas arrogantes são petulantes e desagradáveis, mas você é muito confiante, o que é diferente." A apresentadora começou então a comentar os recentes rumores de que Justin havia convidado a popstar Rihanna para sair. O rumor, se fosse confirmado, seria certamente uma prova incontestável de que Justin era autoconfiante, então aquele era um bom momento para fazer essa pergunta!

"Você convidou Rihanna para sair, isso é verdade?", perguntou DeGeneres. "Sim, isso aconteceu. Eu tentei", Justin respondeu, com um sorriso orgulhoso. O público sorriu diante da ideia de um simpático garoto de 15 anos xavecar uma artista bem-sucedida na casa dos 20 anos. "E o que a Rihanna respondeu?", indagou a apresentadora. "Não estamos namorando", Justin respondeu. "Mas vou ser legal com ela", acrescentou logo depois. "Quem sabe daqui alguns anos...", DeGeneres concordou. "Talvez ela namore você mais tarde, a gente nunca sabe." Ela estava claramente encantada com o jovem convidado.

Em seguida, ela sugeriu a Justin que fosse cumprimentar suas duas fãs – Kirsten e Laura – que tinham sido convidadas a vir ao estúdio; elas faziam parte daquelas meninas que não conseguiram entrar. Ele foi até elas, cumprimentou-as com um aperto de mão e autografou alguns produtos que as duas traziam, para excitação das garotas. Quando uma delas deixou a caneta cair por causa do nervosismo, Justin se abaixou e pegou para a garota. Quanto cavalheirismo!

Sua primeira aparição diurna na tevê foi brilhante, e ele ganhou um novo grupo de fãs entre os espectadores, muitos deles mais velhos que sua base de admiradores. Quem não ficaria encantado com sua conversa com DeGeneres?

O site da MTV foi rápido: "Justin Bieber cativa Ellen, e estreia novo single". O clipe foi considerado "um elegante e maravilhoso hit dançante". E quando ele apresentou a canção ao vivo, ficou óbvio o quanto ela era popular. Depois daquela apresentação, o *New York Times* descreveu: "Favorite girl" como sua melhor música naquela noite.

Considerando que havia sido lançada apenas em formato digital, ela vendeu bem e ficou entre as Top 30 nos Estados Unidos e entre as Top 20 no Canadá, completando o conjunto de quatro singles que seriam lançados antes do álbum do qual foram extraídas. Aquele estava sendo um período extraordinário, e Justin quase não conseguia acreditar nos acontecimentos. Mas, se ele pensava que toda a admiração e encantamento que vinha tendo entre suas fãs já era grande o bastante, a verdade é que não tinha visto nem a metade. Justin estava prestes a ver sua fama e popularidade subirem como um foguete.

O próximo passo seria o lançamento do primeiro álbum – e ele ainda não tinha 16 anos...

Como tudo começou: Justin com seu mentor e amigo Usher (à esquerda) e no lançamento de seu primeiro álbum (abaixo).

Apresentação de Justin na Nintendo World Store em Nova York.

Ninguém segura: nem mesmo uma fratura no pé mantém Justin parado, ele dança na apresentação do Jingle Ball, em dezembro de 2009 (à direita e no verso).

Na página ao lado:
Justin Bieber - o coração palpita.

O mundo é de Justin:
A "febre Bieber" atinge em cheio a Grã-Bretanha. Justin autografa cópias de seu álbum *My world* em Londres, Inglaterra.

Garota predileta: Justin comparece ao Grammy Awards 2010 ao lado de sua mãe, Pattie Mallette...

...e esbarra com grandes artistas, como Fergie do Black Eyed Peas.

Socorro ao Haiti: Logo após o terremoto que abalou o Haiti, Justin se prontificou a colaborar na ajuda humanitária, gravando uma canção cujos direitos foram revertidos para caridade (à direita) e realizando um concerto exclusivo para arrecadação de fundos (abaixo), no qual compareceu o ex-presidente norte-americano Bill Clinton (abaixo, à direita).

No verso: Justin em um concerto musical no Hollywood Palladium.

O sucesso de Bieber ao redor do mundo, incluindo Paris (à esquerda), Sidney (última) e Nova York (logo abaixo).

Trabalhando duro: Justin em Londres (página ao lado, acima); no *Late Show* com David Letterman (página ao lado, embaixo); no Canadá, seu país natal, no Juno Awards (acima); e caminhando sobre o tapete vermelho no White House Correspondents' Association Dinner em Washington (à esquerda).

Nem tudo é apenas trabalho: Justin se diverte na Six Flags Magic Mountain na Califórnia (no topo); durante um jogo de boliche em Nova York (logo acima); na praia em Sidney (página ao lado); e em um bungee jump na Nova Zelândia (página ao lado, à direita).

Talento bruto: Justin vibra com a plateia no Wango Tango Concert em Los Angeles.

Ritmo: performance em Miami Beach.

Superstar: cantando para a Rádio 1 Big Weekend, da BBC, em Bangor, Wales.

Próxima página: No MuchMusic Video Awards em Toronto.

6

Seu mundo

Foi durante a preparação para o lançamento de *My world* que Justin começou a ver o tamanho da excitação e do furor que sua carreira provocava entre os jovens. O pessoal que gerenciava seu trabalho estava muito interessado e ansioso para que ele fizesse muitos trabalhos promocionais antes do lançamento do álbum, e na verdade eles não teriam que se esforçar muito para convencer a mídia a mostrar Justin.

De fato, teria sido fisicamente impossível para Justin atender todas as solicitações que chegavam – ele era um jovem no qual todos estavam interessados! E as solicitações a que pôde atender trouxeram experiências divertidas e excitantes para ele. Justin ainda estava se acostumando com as atividades exigidas de uma celebridade. Durante a turnê internacional para promover *My world*, o rapaz teve a oportunidade de, em diversas e inesperadas ocasiões, saber o quanto era popular.

Por exemplo, quando visitou a estação canadense de tevê a cabo Much Music em julho, uma multidão de meninas fazia fila para vê-lo. Muitas esperaram mais de cinco horas cantando "One time". Foi uma prova de devoção! Enquanto cantavam e gritavam, as meninas acenavam bandeiras com mensagens: "Eu te amo, Justin"; "Você me faz ferver, Bieber"; "Eu gosto de meninos mais novos". Bem, esta foi direto ao ponto!

Quando o "menino mais novo" apareceu no estúdio, usava moletom azul-claro com capuz e jeans azul-escuro. No momento em que surgiu, provocou a maior gritaria. Os gritos só pararam depois da entrevista. Justin estava ansioso para ver a maior quantidade possível de admiradoras, por isso saiu do estúdio para conhecer e cumprimentar aqueles que se encontravam na fila lá fora. Ele mal podia acreditar que tanta gente assim tinha vindo de todos os lugares só para vê-lo – era uma multidão!

Justin deu a maior quantidade possível de autógrafos e posou para fotos. As fãs gritavam, pulavam e empurravam cada vez mais, na tentativa de chamar sua atenção. Justin também cantou com elas. Era evidente, mesmo nessa fase inicial, que o jovem sabia lidar com uma multidão. Essa deve ser uma habilidade natural para uma estrela – e muitas não conseguem tê-la!

Quando o tempo de Justin acabou e ele precisou voltar para dentro do estúdio, as fãs continuaram aglomeradas nas ruas em volta do prédio, gritando, porque sabiam que seu ídolo estava lá. Ao sair para ir embora, o menino se aproximou da multidão para dar um aceno final, puxou o capuz sobre a cabeça e entrou na van.

Um vídeo com alguns destaques desse dia foi gravado pela equipe e postado no YouTube. Justin deixou uma mensagem especial aos fãs: "Ei, aqui é o Justin... Eu só queria deixar esta nota pessoal de agradecimento a vocês por todo o apoio. Vocês estão ajudando um carinha de cidade pequena a correr atrás de seu sonho, por isso sou eternamente grato. Graças a vocês, minha família está tendo a chance de ter uma vida melhor e eu estou começando a conhecer lugares onde nunca sonhei estar. Isso é só o começo, mas eu queria que soubessem como sou grato, porque sem vocês nada disso teria acontecido".

Ele poderia fazer parte da turma de celebridades da moda, mas, seguindo o conselho de Usher, estava "mantendo os pés no chão" e recordando suas raízes. Justin havia sido descoberto por meio do YouTube e tinha um exército de fãs por lá, mesmo antes de sonhar em ter um contrato com uma gravadora, então ele estava determinado a se manter na internet e oferecer aos seguidores trechos maravilhosos e exclusivos de sua vida.

Quando estava tocando nos bastidores de um show, Justin fazia questão de ser filmado, para que as fãs pudessem ter uma ideia sobre a vida na estrada. Em 4 de agosto, postou um vídeo no qual toca violão e canta "Heartless", do lendário rapper Kanye West, e "Successful", de Drake. Usando uma camiseta cor de vinho e um enorme relógio branco no pulso, ele parece estar bem e, como sempre, canta e toca de forma brilhante.

O texto que assina o vídeo em seu encerramento traz uma homenagem a West: "Esta é para você, Kanye – Justin". O jovem então não tinha a mínima ideia de que, dentro de alguns meses, estaria defendendo publicamente outro artista contra aquilo que sentiu ser um tratamento injusto por parte de Kanye West.

Entretanto, como o lançamento de seu álbum se aproximava, o que Justin poderia dizer sobre ele a seu exército de fãs? O que eles poderiam esperar de seu primeiro álbum? "Vai ser um disco muito divertido", revelou ao *MTV News*. "Fala muito sobre amor, sobre o amor entre adolescentes e o que seria em meu mundo." Ele acrescentou que esse não era o único tema do lançamento. "Há um monte de coisas que não tratam apenas de amor", continuou. "Tem músicas com as quais os adolescentes vão se identificar, tipo os pais não estarem juntos, o divórcio e essas coisas que acontecem na vida de todo mundo, todos os dias. Tem um monte de carinhas da minha idade, e pra eles o álbum é 'Tudo é perfeito'. Acontece que a vida real não é perfeita, então meu álbum meio que retrata isso. Você precisa se virar o melhor possível com aquilo que tem. Estou querendo influenciar os outros de maneira positiva.

"Minha mensagem é que você pode fazer qualquer coisa se colocar isso na cabeça. Eu cresci sem muitos recursos, não tive tanto quanto as outras pessoas. Acho que isso me fez mais forte como pessoa, foi o que construiu meu caráter. Quero ir para a faculdade e me tornar uma pessoa melhor."

Como sempre, Justin e sua equipe tinham uma grande ideia de marketing na manga para ajudar a alavancar as vendas do álbum e torná-lo um sucesso. A ideia era oferecer aos fãs a chance de se encontrar com ele em pessoa, mas – como acontece no clássico *A fantástica fábrica de chocolate* – só se a pessoa encontrasse um dos bilhetes dourados que seriam inseridos em algumas das embalagens do CD. Justin estava empolgado para anunciar a seus seguidores no Twitter seu próprio concurso do bilhete dourado: "É verdade!", escreveu. "Haverá BILHETES

DOURADOS em alguns de meus CDs. Achou o CD certo, ganhou um concerto privado pra você e seus amigos!!!"

Quando tuitou novamente, Justin explicou que o álbum estava saindo em duas partes: *My world* vai sair em duas partes. "A parte um estará nas lojas em 17 de novembro e a parte dois vai sair em fevereiro do próximo ano." A ansiedade pelo álbum era tão grande que muitos fãs não queriam esperar pela parte dois! Justin confirmou que tinha uma grande equipe: "Venho trabalhando com Tricky Stewart e The-Dream, e trabalhei com um monte de outras pessoas", disse. "Com Movement, Clutch e outros tremendos produtores e tal."

Tudo o que estava sendo comentado sobre o álbum parecia muito bom, e assim restava uma última e mais importante pergunta: como é que o álbum soava? Ele abria com a sonoridade familiar do primeiro single, "One time". Era óbvio que devia abrir com essa faixa, e, quando Justin cantava "my world is your world", estava lembrando aos ouvintes o título do álbum em si. A faixa seguinte é "Favorite girl", e, assim que a canção termina, a faixa três começa com Justin sussurrando a palavra "mafia" sobre uma trilha de piano.

Não se preocupe. Não foi uma referência a qualquer tipo de gangue mafiosa, mas sim ao duo de produtores Midi Mafia, que criaram a canção junto com ele. Foi a primeira faixa em que Justin se envolveu diretamente na composição. Por isso, não é nenhuma surpresa que "Down to earth" seja uma das faixas mais pessoais de *My world*. Como Justin contou à revista *Billboard*: "É uma balada sobre os sentimentos que tive quando meus pais se separaram e como ajudei a minha família a passar por isso. Acho que um monte de garotos e garotas passou por isso, ver a separação dos pais, e acho também que eles devem saber que isso aconteceu não porque eles tenham feito alguma coisa errada. Espero que as pessoas entendam que essa música pode dizer respeito a elas também".

A letra – que fala sobre como lidar com a dor enquanto se passa por um período difícil – é de fato o tipo de reflexão com o qual qualquer ser humano pode se identificar. Os versos são dolorosos e devastadores, enquanto Justin canta sobre a dor e a confusão pelas quais está passando. A verdade é que muitos jovens vivem exatamente esses sentimentos e sensações, na medida em que estão crescendo e sendo obrigados a lidar com o que a vida lhes atira pelo caminho. O fato de Justin ter sido capaz de traduzir esses tempos tão difíceis em versos e, em seguida, tê-los colocado numa melodia explica por que ele é uma inspiração para muitos. Ele entende melhor do que ninguém o que significa ser jovem, e oferece uma trilha sonora para essas experiências.

No entanto, mesmo que suas letras sejam tristes e sinceras, existe sempre uma nota de otimismo e positividade nelas. Justin admite, em "Down to earth", que não é uma situação fácil de lidar, mas acredita que, se a pessoa permanecer ao lado daqueles que a amam, conseguirá atravessar esse terrível e desafiador período. Alguns de seus fãs ficam tão comovidos com a combinação de coragem, força e vulnerabilidade inseridas nessa canção que choram quando a ouvem. Justin pode ser definido, sem muita discussão, como a voz dessa geração.

A próxima música se chamava "Bigger". Mais uma vez, tinha a equipe Midi Mafia envolvida em sua criação, por isso Justin sussurra novamente a palavra "mafia" assim que a música começa. No entanto, essa canção não poderia ser mais diferente do que a que veio antes dela. "Bigger" tem balanço, um ar de desafio feliz, na qual Justin olha para trás, para os anos em que era um garotinho e sofria com o bullying, e constata com alegria que ele é agora maior do que aqueles meninos.

Alguns críticos notaram que os versos que falam sobre como ele era um "destruidor de corações" e um "jogador" quando mais jovem soam estranhos vindos de alguém tão jovem, mas os fãs não estavam nem aí... Na verdade, estavam ocupados dançando essa cativante música pop cheia de balanço – três minutos e dezessete segundos de pura alegria dançante!

Ainda assim, a faixa tem uma mensagem para os fãs, incentivando-os a definir objetivos maiores e a olhar para mais longe. É difícil argumentar contra uma sugestão dessas!

Em seguida, o álbum traz a alegre e comovente "One less lonely girl", que ajuda a levantar o astral depois de uma canção tão séria e dramática quanto "Down to earth". De fato, "One less lonely girl" é uma das músicas de Justin que mais exercem atração entre as fãs mais jovens.

"First dance", a próxima faixa do álbum, é descrita por Justin como "uma música lenta, com um balanço legal, pra que as pessoas possam dançar". Ela começa com a voz do mentor de Justin, Usher, mas logo a voz de Justin assume, cantando docemente sobre o rito de passagem que é familiar a muitos garotos como ele, especialmente nos Estados Unidos: a primeira dança em um baile da escola!

Ele canta como a primeira dança leva ao primeiro beijo, durante o qual ele sente o sabor do *gloss* nos lábios da garota. Ele ainda faz menção à história da Cinderela, referindo-se aos "sapatinhos de cristal". Quer viver essa experiência lentamente, afinal só temos uma primeira vez na vida. O primeiro beijo de verdade de Justin em um desses bailinhos foi meio estranho – isso quer dizer que ele tem alguma experiência nesse assunto!

A melodia dessa canção é similar à usada pelo herói de Justin, Michael Jackson, lembrando bastante "You are not alone". Para Justin, que cresceu idolatrando Michael Jackson, ele achou a comparação muito lisonjeira. A faixa final do álbum foi "Love me", o single com o refrão do coro. Como já comentamos, essa música é agradável e contagiante, fecha o álbum com um clima excelente.

Ou não fecha? É que há duas faixas bônus secretas para os fãs desfrutarem. A primeira, "Common denominator", é uma das canções mais doces e sinceras de Justin. Ele diz à menina da música que a única coisa que teme na vida é não tê-la mais junto dele. Ele promete docemente que poderia enfrentar mil anos de sofrimento. Então, introduz o tema matemático quando explica que não gostaria de voltar a ser apenas metade da equação. A menina é, ele explica, o denominador comum de sua vida. Com quatro minutos e dois segundos, é uma das canções mais longas do álbum, e muitos argumentam que é a mais emocionante de todas. Essa música foi quase o suficiente para fazer com que as aulas de matemática fossem um pouco menos sofridas! De qualquer maneira, Justin certamente sabe como agir no momento certo, usando seu charme com as jovens admiradoras. A outra faixa bônus foi destinada apenas aos fãs canadenses, sendo uma adaptação para o francês de "One less lonely girl". As faixas bônus – dois presentes para os devotados fãs de Justin – estavam lá para ajudá-los a suportar a passagem do tempo até o lançamento da segunda parte do álbum, em 2010.

JB

A reação à primeira parte de *My world* foi, no geral, de encantamento. Muitas pessoas acharam que foi o melhor lançamento pop dos últimos anos. A influente revista *Rolling Stone* pode ser dirigida a um público de leitores muito mais velhos que os fãs de Justin, mas seus editores e jornalistas conhecem um bom álbum pop quando o escutam. Eles deram nota 3 (de 0 a 5) para *My world*, e centraram seus elogios em uma canção em particular: "Quem pode deixar de curtir 'First dance', na qual Usher deixa Justin cair no baile com sua Bieblette, dançando os dois para trás e para a frente sob as luzes do globo giratório?"

Segundo o site da BBC, o álbum seria apreciado por muitas pessoas, especialmente "as de idade similar à do artista", e a resenha fechou com uma nota alegre e de admiração, descrevendo Justin como "um rapaz divertido e atrevido, que está curtindo legitimamente o melhor período de sua vida". Destinado especificamente aos usuários mais jovens, o site se mostrou impressionado: "O cantor-sensação teen se tornou um enorme sucesso em dezenas de países, e sua mais recente produção não vai decepcionar... *My world* é um grande álbum e é muito difícil encontrar alguma coisa errada nele".

Justin estava particularmente interessado em saber o que os jornais do seu Canadá natal tinham a dizer sobre o CD. O *Toronto Star* escreveu: "O álbum é chocantemente repleto de melodias cativantes que se destinam a ser tocadas incessantemente pelo exército de fãs de Justin Bieber e que, felizmente, os pais acharão perfeitamente toleráveis". O crítico concluiu: "Com um álbum desses, que cumpre o que promete, a única coisa que se pode fazer é pedir mais".

De volta aos Estados Unidos, David Hiltbrand, do *Philadelphia Inquirer,* ficou impressionado com o álbum de Justin: "*My world* é um disco atraente e muito bem realizado", escreveu. "Em particular, a folia brincalhona sobre o amor adolescente em 'One time'. Claro, Bieber é muito menos convincente em uma balada dolorosa como 'Back to earth'. Mas não há como negar que esse menino com cara de bebê tem talento. E é bonitinho. Deixem as meninas gritarem!"

Elas, de fato, gritaram – e estão gritando até hoje!

Mikael Wood, da influente revista *Entertainment Weekly,* disse: "Aos 15 anos, esse diminuto cantor canadense é mais do que uma década mais novo do que Usher e Justin Timberlake, e ambos lhe ofereceram propostas de contrato de gravação baseadas no incrível sucesso de seu canal no YouTube. (Usher ganhou.) Por isso não é surpresa que *My world* seja baseado em baladas açucaradas sobre o amor adolescente e encantadoras músicas dance-pop. Aconselho aos diabéticos que fiquem longe disso. Bieber se dá melhor em 'Love me', onde usa os *riffs* de 'Lovefool', dos Cardigans, em cima de uma batida matadora. Vou ficar aqui esperando que esse fanfarrão cresça com a idade".

Os elogios vinham um atrás do outro. O crítico do site *All-Music* também ficou admirado: "Justin mais do que se dá bem com seu charme de garoto certinho e suas habilidades naturais". Talvez os maiores elogios tenham vindo do todo-poderoso *The New York Times*, que comparou o trabalho de Justin Bieber ao de seu herói de infância Michael Jackson, dizendo que algumas das canções do álbum são "descomplicadamente bonitas e sinceras". A *Billboard* descreveu os vocais de Justin como "tão pueris quanto irresistivelmente maduros". O contraste é similar à combinação vencedora do lado atrevido do Justin infantil com sua mentalidade mais velha e sábia.

Então, havia muita coisa de que Justin poderia se orgulhar à medida que clicava e folheava os recortes que traziam o veredicto dos críticos. Na época do lançamento de *My world*, ele deu várias entrevistas para promover o álbum. Nessas entrevistas, os fãs puderam saber mais coisas sobre seu ídolo, sobre as coisas que o faziam palpitar no campo da música, assim como sobre sua vida em geral. Quando perguntado por que tinha escolhido *My world* como título de seu primeiro álbum, ele respondeu: "Acho que essa era a única maneira que eu poderia encontrar para descrevê-lo. Ele tem muitos elementos de meu mundo". Embora sua base de fãs seja dominada por pessoas jovens, principalmente meninas, Justin insistiu que seu álbum deveria exercer algum apelo sobre outras pessoas também. "Acho que as pessoas mais velhas podem mesmo gostar de minha música, porque eu abro meu coração quando canto, e isso não é feito de um jeito brega", disse ele. "Acho que posso crescer como artista, e meus fãs vão crescer comigo."

Falando em fãs de diferentes idades e tamanhos, Justin cantou "Bigger" no MTV Video Music Awards. Vestindo moletom marrom-claro e jeans, Justin estava com um tremendo pique. "Acho que estou pronto", disse ele pouco antes de a música começar. Ele atuou de forma brilhante, ladeado por um par de bailarinos. Naturalmente, a maioria das garotas que estavam assistindo gritou de excitação, e os gritos podiam ser ouvidos até mesmo acima da música alta que explodia nos alto-falantes. Sempre que Justin olhava para a plateia, muitas das garotas acenavam freneticamente, na esperança de atrair um momento precioso de sua atenção.

Justin também apareceu no programa de tevê alemão *The Dome*. Ele quase ficou surdo com os gritos das fãs quando cantava "One time". Obviamente cantou ao vivo, mas o surpreendente é que conseguiu dançar bem. Algumas estrelas têm dificuldade em cantar ao vivo e dançar ao mesmo tempo. Por isso às vezes essas estrelas decidem dublar e cantar em playback para poderem se concentrar na dança, ou então sacrificar a dança para cantar ao vivo. Mas Justin mostrou o profissional que é ao fazer as duas coisas e de forma excelente.

Enquanto ele corria em torno do enorme palco, as garotas mais próximas a ele em qualquer ponto gritavam. Ali estava a biebermania em ação! "Amo vocês, caras!", disse o rapaz assim que a música terminou. "Vocês são incríveis – muito obrigado!"

A apresentadora disse: "Justin Bieber: 'One time', pela primeira vez, no *The Dome*!" Ela ficou atordoada pela excitação que a presença de Justin havia gerado: "É incrível!", ele concordou. Virando-se para a plateia, disse: "Eu amo vocês demais". Ele então acenou para a multidão. Parecia que a Europa amava Justin Bieber tão ruidosamente quanto o Canadá e os Estados Unidos. Seus devaneios de dominação mundial estavam se tornando realidade.

Além de aparecer em programas de televisão, ele fez várias aparições em grandes lojas por todos os Estados Unidos. Essas aparições foram boas oportunidades para que seus fãs pudessem vê-lo em pessoa. Um dos eventos foi realizado na Nintendo World Store, no famoso Rockefeller Plaza, em Nova York. Os organizadores tinham planejado uma performance meio intimista, para 300 convidados, mas logo a coisa tomou dimensão e milhares de admiradores correram para ver seu ídolo. Alguns chegaram na véspera e passaram a noite no local. Muitos outros viajaram horas para estar lá quando o rapaz aparecesse. Justin usava moletom roxo sobre uma camiseta branca e sentou-se em um banquinho, interpretando uma versão acústica e emocionante de "One time". Naturalmente as sortudas que conseguiram entrar na loja ficaram enlouquecidas.

Depois de cantar com elas, Justin estava disposto a dar algo para as fãs desapontadas que não haviam conseguido entrar. Milhares delas ficaram lá fora, então ele apareceu em uma janela e acenou para elas, soprando-lhes beijos e "desenhando" um grande coração no ar com as mãos. Foi um gesto doce e elegante de um menino que, apesar de surpreso pela quantidade de fãs que conquistou, está sempre preocupado em tratá-las com gentileza e carinho – gestos que *não* passam despercebidos por elas.

Justin logo voltaria ao Rockefeller Plaza – mas dessa vez para aparecer em um dos maiores programas de tevê dos Estados Unidos, o *Today Show,* que estreou na década de 1950, sendo o primeiro programa matutino a ir ao ar, e tornando-se rapidamente super popular. As maiores estrelas do mundo e os mais influentes políticos sonham com a chance de aparecer no *Today Show*; Justin foi convidado duas vezes em pouco tempo. Então foi assim que, em outubro, ele estava de volta ao Plaza para se apresentar no programa da NBC.

Justin deu uma prévia de sua performance com quatro dias de antecedência, ao se apresentar durante o show que promovia a "Read for the Record", campanha nacional de promoção da leitura e da alfabetização entre as crianças. Falando sobre sua fama, ele a descreveu como algo "realmente incrível" e disse que nunca tinha esperado que sua vida se transformasse dessa maneira. "Tive uma ideia. Acho que todo mundo podia vir até aqui trazendo livros... e vamos doar todos eles para a organização."

No dia da apresentação para valer, estava um pouco frio em Nova York, então Justin vestiu uma jaqueta preta e enrolou um cachecol cinza no pescoço. Depois que o DJ aqueceu a multidão, Justin – que parecia um pouco nervoso – correu para o palco e cantou "One time". As meninas gritaram e cantaram junto com ele. "Aplaudam Justin Bieber, moçada!", convidou o MC assim que a música terminou, e a multidão gritou. Mas esse não foi o fim de sua apresentação no programa de tevê.

Ele voltou mais tarde, naquela mesma manhã, e sentou-se num banquinho para mostrar a versão acústica de "Favorite girl". Novamente as fãs ficaram extasiadas. Depois que a apresentação terminou, elas foram à loucura, para espanto dos apresentadores, um dos quais acabou perguntando: “Como deve ser se tornar uma sensação nessa idade?”

Após essa apresentação, o jovem ídolo embarcou em um jato e cruzou os Estados Unidos para dar uma entrevista a uma rádio em San Diego. De lá seguiu para o Tennessee para mais alguns bate-papos em rádios locais. Mas que estilo de vida glamouroso! O apresentador do *Today Show* tinha razão – Justin era uma sensação!

A próxima parada da turnê era uma apresentação em *The Next Star*, um reality show canadense. Era a noite da final do programa, que seria transmitida ao vivo, por isso a atmosfera estava elétrica. Então Justin entrou no palco e o telhado quase que literalmente desabou. Vestindo moletom verde e camiseta cor de vinho, o menino também usava um crucifixo bem chamativo. Sentou-se no palco ao lado de seu parceiro de violão, e, depois de algumas brincadeiras com a multidão que gritava, a dupla lançou-se em uma versão acústica de “One less lonely girl”. A essa altura, a histeria era quase assustadora. As meninas não estavam apenas cantando e gritando, além de acenar para Justin: elas estavam chorando.

A segunda música da noite foi “One time”. Os violões e banquinhos foram retirados do palco para que ele pudesse apresentar a canção com o acompanhamento normal. Quando Justin cantou o refrão, foi possível notar como o local estava lotado com fãs ardorosas do jovem cantor – as vozes da plateia quase abafaram a voz do cantor, enquanto as meninas cantavam com alegria. "Eu amo Justin" estava escrito em um dos cartazes exibidos no meio do público – e certamente a garota que o segurava falava em nome de todas as presentes.

"Bom trabalho, amigo – ótimo trabalho!", disse o apresentador, juntando-se a Justin no palco logo após a canção acabar. Ele explicou em seguida que os produtores tinham preparado uma surpresa para Justin... e então entregou ao jovem uma placa para marcar um acontecimento notável: "One time" tinha ganhado o disco de platina. Justin pegou a placa e a levantou com os dois braços, em sinal de vitória: "Muito obrigado, muito obrigado", disse. E se inclinou para dar um abraço na garota baixinha que lhe trouxe a placa. Foi um momento muito bonito. "Não vá se esquecer de comprar o álbum de Justin", disse o anfitrião a ela. Como se fosse preciso lembrar isso para alguém!

Em seu lançamento, *My world* vendeu bem, em parte devido às muitas ideias promocionais de Justin e sua equipe. Eles bolaram um concurso que pedia aos fãs para criar vídeos sobre a canção "One time", e Justin foi também o foco de um concurso semelhante criado para o lançamento de *My world*. Quando planejava um show fechado para a I Heart Radio, essa estação pediu aos fãs que fizessem upload de vídeos de si mesmos cantando "One time". Mais uma vez os fãs se sentiram perto da história de Justin.

O próximo concurso foi ainda mais legal – Justin doou uma camiseta autografada para a mais importante organização do mundo em defesa dos animais, a PETA (em português, Pessoas pelo Tratamento Ético dos Animais). "Meu pai e eu costumávamos sair... e a gente ia visitar animais diferentes e coisas assim", comentou Justin. "É superimportante que as pessoas adotem animais. Eu queria que todo mundo fosse a um desses abrigos ou a um lugar parecido onde se pode adotar um cãozinho abandonado ou sem lar." Ele também posou para um pôster da PETA com o seguinte slogan: "O meu mundo inclui a compaixão pelos animais. O seu mundo também deveria incluir".

Enquanto Justin enfrentava o desafio de cumprir todas as etapas da turnê, aprendeu a promover a si mesmo e à sua música de forma eficaz. Ele sabia como era importante transmitir a mensagem que detalhava quais eram seus mais recentes lançamentos, e como seriam seus trabalhos futuros. Isso não apenas deixava felizes sua gravadora e seus empresários e tutores, mas também era bastante útil para os fãs, que queriam saber o que estava acontecendo em seu mundo e quando teriam a próxima oportunidade de comprar alguma coisa relacionada a Justin.

Durante uma entrevista ao programa *All Access*, da tevê Fox, Justin falou continuamente sobre as datas de seus próximos lançamentos – e seu entrevistador ficou bastante impressionado. "Quinze anos e já está trabalhando como um burro de carga!", exclamou ele, enquanto Justin sorria, orgulhoso. "Esse rapaz sabe todas as datas e está por dentro de tudo." Virando-se para Justin, concluiu: "Você está fazendo um ótimo trabalho!"

A entrevista na Fox foi muito mais pessoal, e deu aos fãs de Justin a oportunidade de saber um pouco mais sobre o rapaz: "É, eu canto muito sobre o amor", disse ele ao entrevistador, que então lhe perguntou o que um garoto na sua idade poderia saber sobre o amor. "Er... eu acho que é bom", respondeu Justin com uma risadinha nervosa. "Quer dizer, não sou especialista em amor, ou coisa parecida. Ainda estou aprendendo, ainda estou tentando entender o processo..." O entrevistador sugeriu, brincando, que Justin talvez precisasse de "cerca de um ano e meio" para dominar o conceito. Ele concordou. "Sou solteiro e estou pronto pra conhecer pessoas", acrescentou. Ele foi então questionado sobre a idade de suas namoradas. "Er... a mais velha tinha, tipo, dezesseis e meio", respondeu. "Uma mulher mais velha!", disse o entrevistador, com um sorriso. "Bem, eu sairia com qualquer uma por quem me apaixonasse, eu acho", disse Justin. "E você sabe disso por conta de algum sentimento interior?", perguntou o entrevistador. "Sim", respondeu o rapaz. Em seguida, a pergunta foi se ele alguma vez tinha chorado por causa de uma garota. "Não, ainda não", disse Justin. "Eu ainda não namorei muitas meninas, pra falar a verdade, ainda estou tentando entender pra valer toda essa coisa de amor."

Justin também falou sobre sua educação, explicando que, apesar de ser famoso e bem-sucedido, ainda estava estudando, tentando completar os estudos em aulas a distância, via internet. Durante outro bate-papo, ele explicou um pouco mais sobre seus estudos pós-fama: "Eu tenho um tutor e quero fazer faculdade. Como diz Asher Roth, acho que ir pra faculdade vai ser o máximo". Quando perguntado sobre o curso que gostaria de fazer, Justin deu uma dica: "Eu sou bom em inglês, gosto de escrever". Como ele se envolveu na criação de duas das canções de *My world*, as fãs podem esperar mais composições de Justin no futuro.

Justin impressiona os entrevistadores com sua maturidade e o equilíbrio com que lida com as perguntas. Quando o site examiner.com perguntou-lhe sobre as outras celebridades, ele calmamente apontou que eles estavam voltando ao tema: "Vocês estão me perguntando sobre um monte de celebridades". Ele não é do tipo de pessoa que se deixa manipular no sentido de fazer comentários insensatos e que dariam manchetes.

Uma entrevista ao famoso programa *Good Morning, America*, da ABC, se tornou um dos mais significativos marcos na carreira de Justin durante o lançamento do álbum. "Eu ainda ouço rádio", disse ele, quando lhe perguntaram se a fama e a popularidade teriam de algum modo alterado seu modo de ser. "Isso é muito louco! Antes eu ouvia rádio e escutava outras pessoas cantando, agora eu ligo o rádio e me escuto cantando!" Justin também refletiu sobre suas apresentações no Stratford Star com um pouco de vergonha: "Eu não fazia nada certo", disse, sendo um pouco duro demais consigo mesmo.

Usher então apareceu e explicou que Justin já tinha uma quantidade enorme de seguidores antes mesmo de ser descoberto. "Tudo aquilo se devia ao seu talento verdadeiro. Era sua capacidade de produzir essa mágica", comentou Usher. Quanto ao próprio Justin, ele tentou resumir a forma como lidava com a crescente histeria que se espalhava ao seu redor: "Ainda parece que estou sonhando", explicou. "E estou começando a perceber que isso é uma loucura!"

Sua mãe, a essa altura, juntou-se à entrevista para explicar como cuidava de Justin em meio a tudo aquilo: "Acho que, se eu sentir que existe muita pressão sobre ele, então a gente vai reduzir as atividades e cancelar algumas coisas, entendeu? A gente está procurando levar as coisas um dia de cada vez, e tentando descansar como se deve". Foi reconfortante saber que a pessoa mais próxima de Justin Bieber estava mais preocupada com seu bem-estar do que com sua carreira.

Usher também foi questionado sobre o cuidado com Justin. "Como você garante que ele não entrará em um processo de exaustão?" Usher então respondeu: "Não há tempo pra isso, não há tempo agora pra ele ficar exausto".

Pouco depois, em outra entrevista, dessa vez à CNN, o garoto repetiu que ficou chocado com a ascensão rápida. "Aquilo me pegou totalmente desprevenido, foi um processo incrível." Não que ele estivesse reclamando. "É como eu sempre digo para as pessoas, que garoto de quinze anos não gostaria de ter meninas histéricas esperando por ele o tempo todo?", brincou. Justin também confirmou que ele e Usher eram "muito chegados".

E qual seria o conselho de Justin para os futuros Biebers? "Basta seguir os seus sonhos – você pode fazer qualquer coisa ao se concentrar nisso."

De volta ao Canadá, Justin descobriu que havia uma enorme demanda por ele. O ídolo falou na rede de tevê CTV, líder de audiência, sobre sua mudança de vida, da infância humilde em sua terra natal à estrela global em ascensão.

Justin parecia muito feliz e se mostrava capaz de manter a calma em meio ao terremoto de excitação que sua carreira pop vinha gerando: "Adoro estar no palco", disse. "Adoro me apresentar para minhas fãs. Gosto de ver o sorriso delas e de ouvir seus gritos, porque sei que estou fazendo alguma coisa de que gostam. Eu adoro mesmo ser artista."

Ele ainda falou sobre seu futuro: "Cinco anos na estrada, de repente eu me vejo me aprofundando em minha carreira, talvez até ganhando um Grammy". Portanto, fica evidente que não existe falta de ambição por parte de Justin. Então, quem duvida que ele continuará conseguindo muito mais sucesso?

Fiel ao seu velho estilo, ele postou um vídeo bem curto em seu canal no YouTube para agradecer aos fãs pelo sucesso desfrutado até agora: "Então, como todos vocês sabem, eu sou de uma pequena cidade chamada Stratford, em Ontário, no Canadá. Uma cidade de 30 mil habitantes. Nunca sonhei que este dia chegaria. Meu álbum está nas lojas e eu estou contente demais. Vocês, caras, é que fizeram meu sonho se tornar realidade. Como eu já disse, nunca pensei que isso pudesse acontecer, então quero agradecer muito a vocês. Agradeço mesmo, muito obrigado".

Como Scooter Braun explicou, a interação de Justin com seus fãs – especialmente por meio do canal no YouTube – tem sido importante desde o começo: "Se percebo que ele não está tuitando, chego pra ele e digo: 'Vai lá se conectar em seu Twitter.' Porque esse é o canal pelo qual os fãs se conectam com ele, foram eles que o fizeram, entendeu?"

"No momento em que ele desaparece da vista deles, os fãs se sentem como se tivessem perdido aquele garoto do YouTube que os convidou para entrar em sua sala de estar." Quanto a Justin, ele gosta de administrar sua própria imagem e de interagir imediatamente com os fãs. "Tenho tudo aqui, está tudo em meu IPhone", diz. "Gosto de atualizar meu status, tweets e outras coisas."

Enquanto isso, na sequência daquelas duas prestigiosas entrevistas, Justin recebeu um novo impulso, na forma de uma série de honrarias e notícias positivas. Em primeiro lugar, recebeu um convite para fazer sua segunda aparição em quinze dias no *Ellen DeGeneres Show*. A essa altura, *My world* já havia chegado ao primeiro lugar no Canadá, e foi o álbum mais vendido de um artista estreante em 2009 (no final do ano ele foi ultrapassado pela sensação do *Britain's Got Talent* Susan Boyle). Enquanto tudo isso acontecia, ele ultrapassou os 100 milhões de acessos em sua conta do YouTube.

Apenas dois anos antes de tudo isso acontecer, Justin estava sentado do lado de fora do teatro de Stratford, cantando com seu violão em troca de algum dinheiro e juntando, aos pouquinhos, o suficiente para levar sua mãe em uma viagem de férias. Tudo estava indo tão rápido que foi difícil para Justin dar um tempo e respirar fundo – e não havia a menor possibilidade de que ele pudesse ter algum descanso a curto prazo.

Com novos compromissos confirmados e uma base de fãs que continuava a aumentar diariamente, Justin começava a compreender o que significa ser uma lenda do pop.

As pessoas previam mais, muito mais. Nick Cannon – que havia estrelado um vídeo postado no YouTube com Justin quando a fama do garoto começara a decolar – previu que aquele garoto de quinze anos se tornaria uma sensação mundial muito em breve.

"Justin Bieber, definitivamente, está prestes a tomar conta do mundo de uma vez, se é que já não o fez", Cannon explicou. "Ele está preenchendo um vazio que não foi ocupado desde que os Backstreet Boys e o N'Sync pararam, e outros do tipo." O blogueiro de celebridades Perez Hilton – em cujo site Justin lançou um dos seus vídeos promocionais e que ele conheceu para fazer uma performance especial gravada poucos meses antes – também estava convencido de que a biebermania ficaria ainda mais intensa com o passar do tempo.

"Ele já se tornou um fenômeno e só vai ficar maior e maior e maior", disse Hilton. E ele estava absolutamente certo...

7
A biebermania

Já contamos como o caminho de Justin se cruzou pela primeira vez com o da cantora country pop Taylor Swift. Seu vídeo "One less lonely girl" foi dirigido pelo mesmo profissional que havia feito um dos clipes de Taylor. Ela usou uma das canções de Justin como trilha sonora de seu diário da turnê em vídeo; e Justin então aproveitou para responder com uma versão acústica de "Favorite girl". No entanto, sua ligação com Taylor Swift se tornou muito mais intensa quando ele foi convidado a apresentá-la na noite do MTV Video Music Awards (VMA).

Essa premiação foi realizada pela primeira vez em 1984, quando a MTV começou a se estabelecer como a base dos clipes musicais, e se tornou desde então uma noite importante para a indústria do entretenimento. O evento é transmitido de diversos locais nos Estados Unidos, como Nova York, Los Angeles, Miami e Las Vegas. Tem sido o palco de momentos memoráveis, incluindo apresentações de Madonna e Michael

Jackson na década de 1980, e mais recentemente Britney Spears e os Backstreet Boys garantiram, com seus shows, que o VMA nunca ficaria muito tempo longe das manchetes dos jornais e dos *sites* de notícias.

O VMA 2009 manteve a tradição, provando que não seria uma noite comum. O controvertido comediante britânico Russell Brand apresentou o evento e trouxe um senso de humor picante ao espetáculo. No ano anterior, Brand havia suscitado uma grande polêmica, mas no VMA daquele ano, sediado em Nova York, ele foi relegado a segundo plano por um dos artistas presentes à cerimônia.

Quando Taylor Swift ganhou o prêmio de Melhor Vídeo Feminino pela canção "You belong to me", de início ficou encantada com a premiação. Em seu discurso de agradecimento, estava quase sem ar de tanta emoção: "Sempre me perguntei como seria, quem sabe, ganhar um destes qualquer dia, mas nunca pensei que pudesse mesmo acontecer", disse Taylor.

Porém, nesse instante aconteceu uma interrupção grosseira, quando o cantor de rap Kanye West subiu ao palco e tomou o microfone das mãos de Taylor Swift.

West – que havia sido fotografado bebendo assim que chegou ao evento – estava disposto a tomar a palavra e dizer aquilo que queria: "Oi, Taylor", disse ele, enquanto a cantora e o público observavam, atordoados. "Estou realmente muito feliz por você, e vou deixar você terminar seu discurso, mas Beyoncé fez um dos melhores vídeos de todos os tempos."

Swift estava atônita demais para continuar seu discurso. Quanto a West, foi expulso da cerimônia alguns instantes mais tarde. Quando Beyoncé ganhou um prêmio no final da noite, chamou Taylor Swift ao palco para fazerem as pazes com um abraço.

West pediu desculpas em seu blog dias depois: "Estou suuuuuuper chateado por Taylor Swift, por sua mãe e por seus fãs. Foi muito errado de minha parte subir ao palco e sacanear seu grande momento. Beyoncé tinha o melhor vídeo da década. Peço desculpas aos meus fãs se os decepcionei... Sinto muito, meus amigos da MTV... vou pedir desculpas a Taylor".

Apesar disso, West foi duramente criticado. Até mesmo o presidente Barack Obama expressou sua desaprovação. Mas houve uma pessoa que muito rapidamente confortou Swift, muito antes de Beyoncé ou de West: dê um passo à frente, Justin Bieber! Logo após a interrupção de West, Justin subiu ao palco para se preparar para apresentar a performance ao vivo de Taylor Swift. Com a atriz e cantora Miranda Cosgrove ao seu lado, Justin disse: "Primeiro, eu gostaria de dizer a todos: deem crédito a Taylor Swift – ela merecia esse prêmio!" Justin era muito provavelmente a pessoa mais jovem naquela premiação, mas foi ele quem tomou a mais madura – e mais atenciosa – atitude da noite. O auditório aplaudiu suas palavras gentis e conciliatórias para uma Swift muito nervosa.

Mais tarde, Taylor também foi rápida em agradecer a Justin, como explicou ele depois à revista *Billboard*: "Depois que eu a apresentei, Taylor Swift veio me agradecer por eu ter dito que ela merecia ganhar o prêmio. Ela me disse: 'Obrigada por ter ficado ao meu lado, maninho', e eu disse algo do tipo: 'É, eu estou aqui ao seu lado'".

Também perguntaram a Justin como tinha se sentido por desempenhar um papel tão importante como aquele, o de apresentar outro artista ao vivo no palco, durante uma festa de premiação tão glamourosa como aquela da MTV. No final das contas, a questão não era apenas o enorme público: era um público repleto de estrelas! "Na verdade, eu não estava nervoso", disse Justin. "Eu nunca fico nervoso e acho mesmo que nenhum artista fica realmente nervoso."

Aquela noite foi mesmo uma montanha-russa para o rapaz. Justin havia sido apresentado a Beyoncé e assistido a um show dela. "Foi uma loucura! Eu estava tipo apaixonado por ela", afirmou. "Eu tremi na base!" Do lado mais sombrio e triste, os tributos a Michael Jackson, que havia falecido dois meses antes, foram emocionantes demais para Justin. Como ele havia crescido amando e aprendendo com o rei do pop, o rapaz tinha esperanças de, em algum momento de sua carreira, poder ficar ao lado de Jackson em um grande evento musical... Mas ali estava ele, assistindo às homenagens póstumas ao seu herói...

A morte de Michael Jackson, em 2009, chocou o mundo todo. Seu falecimento obrigou muita gente a lembrar que, apesar de todos os estranhos aspectos de sua vida, Jackson foi um extraordinário talento pop. Justin ficou chocado e fez seu próprio tributo no YouTube.

Enquanto estava na estrada promovendo sua música, Justin esbarrou com um artista de rua. Os dois começaram a conversar, e o jovem astro se lembrou de seus dias tocando em frente ao teatro em Stratford. Então, Justin pediu ao músico, que tocava violoncelo, para lhe fazer uma base de acompanhamento enquanto ele cantava “Billie Jean”, do lendário Michael Jackson. Justin então fez o moonwalking, o passo de dança que ficou famoso por causa de Jackson.

O vídeo que registrou esse encontro foi postado no YouTube, finalizando com a mensagem “RIP Michael” (“Descanse em paz, Michael”). Foi uma maneira doce de Justin mostrar seu respeito ao herói, que morrera com cinquenta anos. Tendo em vista que a nova sensação havia começado a carreira tão cedo, diversas comparações foram feitas entre ele e Michael Jackson. Todo mundo espera que Justin permaneça a pessoa sensata e saudável que é hoje, mesmo quando sua fama atingir níveis inacreditáveis.

Esse tipo de atividade no YouTube mostrou que Justin planejava continuar usando o canal do usuário “kidrauhl”. A revista *Billboard* lhe perguntou se ele tinha a intenção de continuar usando o contato online: “Oh, mas é claro que sim. A internet para mim é o melhor caminho para a gente chegar aos fãs. Se você pensar, não havia essa ferramenta disponível para os artistas há dois anos, então por que não usá-la agora? Eu também estou no Facebook, e meus fãs se reuniram e me enviaram um cartão desejando melhoras no Twitter quando eu estava doente, no outro dia. Isso foi mesmo muito legal. Ando, meio preocupado por estar perto demais dos fãs. Por isso eu não compartilho muitas informações pessoais”.

Essa informação foi rapidamente assimilada pelas fãs. Por exemplo, quando Justin visitou Londres, no verão de 2009, houve apenas uma postagem no Twitter anunciando essa viagem, mas foi o suficiente para atrair imediatamente centenas de fãs para o prédio onde ele estaria! Elas gritavam pedindo por Justin, e ele, então, fez a vontade de suas admiradoras: pegou o violão e foi para fora, na rua, cantar "One time" para elas.

As meninas gritavam e cantavam junto com ele – ficou meio evidente que as fãs de Bieber têm muito em comum, não importando em qual país estejam. O jovem astro deu autógrafos pacientemente; algumas delas queriam que ele assinasse pôsteres, outras optaram por ter alguma peça de vestuário ou equipamento elétrico rabiscado por seu herói. Todas tinham em comum o sorriso no rosto.

Em novembro, ele visitou o rapper Diddy. Nascido Sean Combs, Diddy tem uma carreira ilustre, que incluiu a produção de alguns dos melhores materiais de Usher. Foi por meio dessa conexão que Justin conseguiu passar um tempo com Diddy. Em um vídeo gravado durante esse período, Diddy prometeu dar um carrão a Justin "assim que você completar 16 anos". Ele mostrou o carro ao menino, um modelo esportivo na cor prata; Justin ficou superempolgado. Muito brincalhão, sugeriu que Diddy poderia deixar que ele desse uma rápida passeada no carrão, mesmo tendo só 15 anos. "Não, devagar, devagar, Justin", disse Diddy. "Quando você tiver 16 estará liberado. E aí, quando tiver 18, você ganhará uma casa!" Diddy virou-se para a câmera e brincou mais um pouco.

"Eu ganhei a guarda do moleque", disse, apontando com a cabeça para Justin. "Ele assinou contrato com o Usher, mas eu tinha a tutela jurídica do Usher quando ele fez o seu primeiro álbum. Eu não tenho a guarda [legal de Justin], mas durante as próximas 48 horas ele vai estar comigo." Justin terminou o vídeo brincando, sugerindo que "eles podiam sair e pegar algumas meninas". Vídeos crus e espontâneos como esse são uma maneira brilhante de Justin se comunicar com os fãs, e, a julgar pelo número de acessos contabilizado em cada vídeo, os fãs estão aprovando o método.

Justin continuou criando oportunidades para que suas fãs pudessem vê-lo pessoalmente. Em novembro, ele foi tocar no clube Kool Haus, em Toronto. Um crítico escreveu que Justin tinha "modos elegantes no palco, que Usher e Timberlake levaram anos para aperfeiçoar... mas foram seus esforços não coreografados que repercutiram mais". No mês seguinte, Justin ficou ainda mais ocupado com shows ao vivo. Ele apareceu no concerto das Twin Cities, em Minneapolis e St. Paul. Com a aproximação das festas de Natal, apareceu num Jingle Ball em Camden, Nova Jersey. Havia outro Jingle Ball em Boston no dia seguinte, e um terceiro baile de Natal poucos dias depois. O último deles aconteceria em 20 de dezembro em Tulsa, Oklahoma. Junto com Bieber, no mesmo palco, estavam a banda pop-punk Bowling for Soup e a artista solo Priscilla Renea.

Esses eventos foram bem-sucedidos e bastante felizes. Sem dúvida, a reação a Justin ficava sempre na fronteira da histeria, mas em geral os shows terminavam sem nenhum incidente grave. Infelizmente, a vida estava prestes a ficar mais complicada para Justin e sua equipe.

Em novembro de 2009, Justin deveria fazer uma aparição oficial no Roosevelt Field Mall em Garden City, nas vizinhanças de Long Island, Nova York. Deveria ter sido um evento relativamente simples.

Estava combinado que Justin iria autografar algumas cópias do novo álbum na loja de roupas Justice. Aquele dia terminaria mal. Logo cedo, Justin informou aos fãs onde estaria. Às 9:08 ele tuitou: "Estarei no Roosevelt Field Mall em Long Island, NY, hoje pra autografar *My world* às 4 da tarde. Vejo vcs lá".

Um pouco antes do meio-dia ele atualizou sua página no Twitter: "A caminho do Roosevelt Field Mall em Long Island, NY, para autografar e ver os fãs! Vejo vcs lá". Todo mundo esperava que a presença de Justin atraísse uma grande e animada multidão ao shopping. Mas logo ficou claro que aquela multidão seria incontrolável.

Estima-se que 3 mil admiradores tenham se aglomerado no shopping para encontrar seu herói. Alguns deles chegaram antes do amanhecer, na esperança de achar o melhor local para vê-lo. Ainda assim, poucas pessoas poderiam adivinhar quão errado as coisas acabariam saindo.

Pouco tempo depois, o número de fãs havia aumentado para muito mais do que 3 mil pessoas Quando a hora do evento estava próxima, estimou-se que a quantidade de pessoas chegava bem perto de 10 mil! Por volta de 35 policiais foram enviados ao shopping para tentar controlar o frenesi.

As testemunhas descreveram mais tarde as cenas que viram no local: "As meninas começaram a gritar: 'Justin!', e correram para a frente e derrubaram as cordas", contou aos repórteres uma garota de 13 anos, apanhada em meio ao caos. "Havia milhares de pessoas empurrando, puxando, gritando", acrescentou Lisa Slawinski, que levou sua filha para ver Justin Bieber no shopping.

A polícia começou a se preocupar. Quando o caos começou a piorar, Justin tuitou uma mensagem, às 13:30: "Não estão me deixando entrar no shopping. Se vocês não forem embora, seremos presos, a polícia acabou de nos avisar". A presença de Justin foi cancelada, mas isso não representou o fim do problema, uma vez que os efeitos colaterais da confusão foram graves. Cinco fãs foram levadas ao hospital. A polícia alegou ainda que seu pedido, feito aos agentes de Justin, para anunciar via Twitter que o evento fora cancelado não foi respondido de forma tão rápida, acrescentando que tudo havia sido uma "receita para causar desordem".

A imprensa não demorou a noticiar a história. Um jornal local usou a manchete "Fandemônio". Justin ficou extremamente preocupado com o que tinha acontecido, e escreveu no Twitter: "Uau. Isso tudo me perturbou muito. O shopping devia ter uma segurança adequada. Não me deixaram entrar! Eu tinha que ter feito direito por causa dos fãs".

A gravadora de Justin, a Island Records, disse ao *New York Daily News*: "Mais de 10 mil fãs gritando apareceram por lá, e a polícia e o chefe dos bombeiros concluíram que aquele se tornara um local inseguro, proibindo a realização do evento". As fãs de Justin ficaram inconsoláveis: "Estou com vontade de chorar. Nós o amamos!", disse uma menina de 14 anos.

JB

Justin e Pattie queriam que as pessoas soubessem que eles apoiavam Braun e achavam que ele não tinha feito nada de errado: "Minha mãe e eu estamos 100% junto com meu empresário", escreveu Justin em um comunicado. "Ele é uma pessoa de grande autoridade moral e de bons princípios. As decisões que ele tomou naquele dia foram todas para proteger a minha integridade e minha segurança, assim como a de meus fãs. E eu sou muito agradecido por ter alguém em minha vida que toma conta de mim como Scooter faz."

Mais tarde, ele explicou, num programa de rádio de Los Angeles, conduzido pelo DJ Ryan Seacrest, o que achava que havia acontecido: "Eu quero ver os meus fãs. Não quero parecer um idiota, como alguém que falta a um compromisso... Eu queria dar um alô aos meus fãs, mas quando cheguei lá a polícia ameaçou me algemar e me levar com a minha mãe pra cadeia", explicou ele. "Eles estavam ameaçando me prender. Falavam coisas do tipo 'Se você não cancelar essa coisa agora, nós vamos prender você e sua mãe'. A gente não quer ser deportado – eu e minha mãe somos canadenses. A gente falou: 'Que seja'. Então a gente se retirou, fomos embora, e aí a polícia começou a querer prender outra pessoa... o vice-presidente da gravadora. Eles seguraram o homem e disseram: 'Se Justin não tuitar falando pra todo mundo ir pra casa, nós vamos enviar você pra prisão'. Com meu telefone sem bateria, eu não tinha nenhuma ideia do que estava rolando." Infelizmente, essa não seria a última vez que a presença de Justin em um local público provocaria cenas caóticas e assustadoras.

Enquanto isso, depois de algumas de suas fãs terem sido levadas para o hospital como resultado do caos no shopping de Long Island, foi Justin o próximo a ser carregado a um hospital depois de se machucar no palco. O acidente aconteceu em Londres, e a forma como Justin lidou com a situação foi um testemunho de sua força e dedicação profissional.

A viagem para a Inglaterra surgiu porque sua boa amiga, a sensação teen Taylor Swift, tocaria em duas datas em novembro. Seu álbum *Fearless* se mostrou um sucesso mundial, e ela vinha fazendo uma turnê com a estrela do *American Idol* Kellie Pickler e o grupo country Gloriana como números de apoio. Essas duas atrações abriam o show de Swift. No entanto, quando chegou o momento de cumprirem as datas já combinadas na Inglaterra, nem Pickler nem Gloriana poderiam viajar com Swift por causa de compromissos assumidos muito antes. Então, a quem a estrela country recorreu nesse momento? A Justin! Ele era uma escolha evidente: muito popular, um grande performer e também um amigo. “Ela é ainda melhor na vida real”, Justin contou ao examiner.com. “Ela é a melhor, e vocês todos deviam dar uma força.” Aquele acordo parecia a solução dos sonhos tanto para Swift quanto para Justin. O que poderia dar errado?

A última coisa que Justin esperava era se machucar durante o show de Taylor Swift na Wembley Arena. Fazendo seu espetáculo na frente de uma plateia de mais de 11 mil pessoas, como sempre, Justin dava o melhor de si. Tudo corria muito bem quando ele começou a cantar a canção final da noite.

A audiência ouvia avidamente e cantava junto com ele, enquanto Justin apresentava “One time”. Então – o desastre! Ele tropeçou e sentiu imediatamente uma dor em um dos tornozelos. Como explicou mais tarde no Twitter: “Na última canção ONE

TIME eu tropecei em alguma coisa no palco, descendo a rampa, e senti meu tornozelo dobrar de um jeito horrível". Depois, Justin postou a verdade terrível de seu machucado: "Aconteceu que fraturei meu tornozelo".

O mais impressionante sobre o acidente foi que a fratura não impediu Justin de terminar sua apresentação. Para ele, o show deve continuar, e ele permaneceu no palco até terminar de cantar. A seguir, Justin foi levado direto ao hospital e ficou engessado por cerca de um mês. De volta ao palco na noite seguinte, para cumprir o compromisso marcado em Manchester, ele estava pronto para o concerto, mesmo com a perna engessada.

Ele ainda encontrou tempo para brincar com Swift. "Taylor me disse pra quebrar uma perna na noite passada, então foi o que eu tentei fazer." "Eu não consegui quebrar a perna, então quebrei um tornozelo pra você." E Swift respondeu: "Aquilo foi dito de modo figurativo, Justin, eu quis dizer 'boa sorte, é bom demais ter você comigo aqui!' É a tradição dos palcos, você sabe, 'quebre a perna!'" Justin apontou para sua perna e disse: "Tudo bem, eu só queria fazer o que você pediu, então... desculpe!"

Justin acrescentou que era frequentemente solicitado em entrevistas a revelar qual fora seu momento mais embaraçoso até agora, "e eu nunca tinha uma resposta pra essa pergunta. Agora já sei o que dizer: 'Foi o dia em que eu quebrei o tornozelo em cima do palco'". Seu último comentário sobre esse incidente foi uma postagem no Twitter: "Taylor, você sabe que a culpa foi sua... rs!", brincou.

Ele mostrou enorme coragem e maturidade, continuando a apresentar sua canção final, apesar da dor, e também ao vir pulando em um pé só no palco para fazer o show na noite seguinte. Bem, talvez mais mancando do que pulando, mas o fato de Justin estar lá mostrou a seriedade com que encara seus compromissos e o quanto seus fãs significam para ele.

Ele sabia muito bem que, embora a turnê fosse estrelada por Taylor Swift, muitas das pessoas que apareceram em Manchester também estavam ansiosas para vê-lo no palco. Por isso, Justin não queria decepcioná-las. Além de tudo, ele adora a emoção de se apresentar ao vivo.

Justin sonhava em realizar sua própria turnê um dia. O mais próximo que ele chegou desse sonho foi uma "miniturnê" na qual se apresentou em diversas cidades canadenses para encontrar seus fãs, e isso aconteceu algumas semanas antes de participar da turnê de Swift. Justin adorou a sensação da "vida na estrada", deslocando-se de uma cidade para outra.

A miniturnê surgiu após uma oferta da marca de roupas Urban Behavior. Fundada no final dos anos 1980, a Urban Behavior fabrica e vende roupas transadas para jovens – uma de empresa cujos donos estavam desejosos de ver sua marca associada a um artista legal como Justin! Então agendaram a visita de Justin nessa turnê por diversas cidades canadenses, marcando presença nas lojas da rede em cada parada.

Ele começou por Vancouver, em 1º de novembro, e depois foi, nos dias subsequentes, para Edmonton, Montreal, London (a London canadense) e, finalmente, Toronto. Em cada loja, Justin se encontrou com seus fãs, que acabaram conseguindo uma camiseta da Urban Behavior autografada por seu ídolo.

Justin estava bastante entusiasmado com todas essas apresentações, mas, para desapontamento seu e dos fãs, ele adoeceu nos dias que antecederam a turnê e não pôde cumprir a promessa de comparecer à loja de Vancouver. Para ajudar a aliviar a decepção dos fãs naquela cidade, o pessoal da Urban Behavior lhes deu um desconto especial naquele dia e também providenciou um cartão desejando pronto restabelecimento, que foi assinado pelos fãs presentes e enviado depois para Justin, na tentativa de deixar o jovem astro mais animado.

Parece que essa iniciativa no fim deu resultado, porque Justin cumpriu os compromissos em todas as outras datas, e escreveu em seu Twitter que a apresentação em Montreal foi "incrível". "Agradeço a todo mundo que compareceu", escreveu ele. "Eu fiquei surpreso." Quando o ídolo chegou a Toronto, teve a oportunidade de oferecer aos fãs uma experiência mágica, da qual nunca irão se esquecer. Logo após o show na loja de roupas, ele foi direto para a loja da Kool Haus da cidade e fez um concerto ao vivo para uma plateia de meninas que não paravam de gritar!

Vestindo jaqueta jeans escura e boné de beisebol virado para trás, seu look estava incrível. Enquanto o público gritava, demonstrando seu deleite com a presença de Justin, ele apresentou "Bigger", dançando e cantando. Quando cantou "One less lonely girl", convidou uma das fãs para sentar-se no palco com ele. Justin então tirou seu boné de beisebol e o colocou na cabeça da garota. Mais tarde, no show, ele tocou as mãos das meninas na primeira fileira da plateia, causando ainda mais gritaria.

Justin fez depois uma versão acústica de "Favorite girl" com um ritmo mais lento. As meninas – aliás, todas elas desejavam ser sua garota favorita – cantavam bem alto junto com ele, amando aquele momento de unidade criativa que seu astro predileto lhes oferecia. Os dançarinos então voltaram ao palco para se apresentar em "One time", com a multidão de garotas em estado de completa felicidade!

"Aplaudam Justin Bieber!", disse o mestre de cerimônias ao final da apresentação. Essas palavras, pensando bem, nem precisavam ser ditas – as meninas estavam praticamente levantando o telhado com seus gritos. Justin deixou o palco enquanto a plateia gritava: "Nós amamos você, Justin!"

Ele então voltou para o bis e falou que seu sonho estava sendo realizado: "Tudo isto tem sido igual a uma volta bem legal numa montanha-russa. Graças a plateias tão incríveis quanto vocês, caras!", disse Justin. Apresentando a canção final da noite, ele pediu: "Eu vou precisar da sua ajuda nesta música aqui". Aí, ele cantou uma versão *a capella* de "With you". Enquanto apresentava essa canção, Justin deve ter pensado sobre quão longe havia chegado desde que cantou essa música de Chris Brown pela primeira vez em seu canal no YouTube – e que virada surpreendente sua vida tinha dado depois que postou seus vídeos caseiros na internet.

Outra consequência do tornozelo fraturado de Justin foi o fim de um planejado desafio de dança que ele esperava realizar contra Gabe Saporta, vocalista e baixista da banda Cobra Starship. Aparecendo no Jingle Ball em Sacramento, Saporta disse que, devido à lesão de Justin, "eu vou ganhar por desistência do oponente". Bem, Justin tinha algumas coisas a esclarecer sobre isso – e subiu ao palco para dizer pessoalmente! "Tudo bem, já que eu não posso dançar, então vou ser obrigado a dar um show solo de bateria em sua homenagem."

Brincando com Justin e fingindo hostilidade, Saporta retrucou: "Você não pode fazer isso! Volte para o Canadá, garoto!" Mas não havia nada que pudesse deter Justin. Ele sentou-se na bateria e fez um grande solo. "Valeu por dar as caras, Justin", disse Saporta. "Acabo de ser detonado por um moleque que tem a metade do meu tamanho", acrescentou. "Eu devia ir pra casa agora, certo?"

Tudo isso foi uma divertida brincadeira, e Justin escreveu sobre essa noite em sua página no YouTube: "Tocar bateria, usando um tornozelo quebrado no pedal não é uma coisa muito fácil de fazer, por isso não sei dizer se aquele solo foi realmente um ' show', mas valeu a pena". "Gabe é o cara, e todos os rapazes do Cobra Starship são muito legais. A gente se divertiu muito. Obrigado, pessoal de Sacramento, por ser uma plateia tão legal."

JB

Seja se apresentando em Manchester ou tocando bateria em Sacramento, realmente não havia como fazer Justin parar. Ele havia se machucado durante uma turnê chamada Fearless (destemido), e se comportou à altura desse nome. Ninguém poderia chamá-lo de estrela indisciplinada ou de "diva".

Justin já provara e aprovara o gosto da fama, mas não tinha nenhuma intenção de deixar que isso lhe subisse à cabeça. As chamadas "divas" têm um talento especial para não se lembrar de onde vieram, e costumam perder de vista o fato óbvio de que, sob toda aquela fama, elas são exatamente iguais qualquer outra pessoa. Justin não mostrava nenhum sinal desse comportamento. Ele é tão cheio de entusiasmo e tão bom caráter que é improvável que alguma vez venha a cair nesse tipo de armadilha.

Ele tinha enfrentado alguns momentos infelizes ultimamente, como a fratura no tornozelo durante a turnê de Taylor Swift e o evento que fora obrigado a cancelar no shopping de Long Island. Mas o jovem ídolo estava prestes a viver um momento de pura alegria e orgulho, que compensaria com sobra os eventos mais tristes – ele iria cantar para Barack Obama, o presidente dos Estados Unidos da América!

Foi um dia de muito orgulho para Pattie quando ela e seu filho viajaram para Washington a fim de se preparar para a grande apresentação. Eles mal podiam acreditar no que iriam fazer quando chegassem à capital do país.

Um dia antes da apresentação, Justin participou dos ensaios no National Building Museum, em Washington. Embora o edifício não tenha todo o prestígio da Casa Branca, não deixa de ser um monumento impressionante. Enquanto ensaiava sua canção, Justin surpreendeu algumas das pessoas que estavam assistindo aos ensaios quando tirou o celular do bolso e começou a teclar furiosamente. Será que Justin estava enviando um torpedo para o presidente dos Estados Unidos enquanto ensaiava sua apresentação? Não. Como explicou depois, ele estava conferindo a letra da canção que iria interpretar em breve, "Someday at Christmas", de Stevie Wonder. Afinal, ele queria que tudo saísse perfeito naquele grande dia!

Nos bastidores, Scooter Braun informou a Justin que, além da apresentação solo de "Someday at Christmas", ele se juntaria a todo o grupo no palco para interpretarem em conjunto

"Hark! The herald angels sing". Essa notícia era uma novidade para o rapaz.

"Você conhece essa música, não?", perguntou Braun. Justin negou com a cabeça. E agora, o que eles iriam fazer? O empresário deu uma sugestão: "Sabe o que você faz? Só coloque o microfone bem perto da boca. Ninguém vai ver se você conhece a letra da música ou não". Mas Justin teve outra ideia: "Eu conheço 'Deck the halls'", disse, e cantou maravilhosamente para seu empresário: "Deck the halls with poison ivy, fa-la-la-la..."[2]. Confiante e brincalhão, isso é o que poderíamos esperar de Justin. Mas ele foi honesto o suficiente para admitir que estava se sentindo um pouco nervoso. E, considerando o público que viria assistir, quem não ficaria?

Na noite do show, Justin esperou ansiosamente enquanto os outros artistas cantavam. Neil Diamond foi o primeiro a se apresentar. O lendário astro cantou "Joy to the world" e "Winter wonderland". Em seguida, Mary J. Blige apresentou "The Christmas song (Chestnuts roasting on an open fire)", e logo depois Usher interpretou "Have yourself a merry little Christmas".

Justin sentiu um frio na barriga quando o apresentador o chamou ao palco: "Não existe Natal sem presente – puxa, alguém deveria ter contado isso à minha avó", brincou. "E nós temos um presente para os senhores, presidente Obama e senhora. Nos dias de glória da gravadora Motown, um artista chamou a atenção do mundo com essa canção, que virou um clássico. 'Someday at Christmas' não só ajudou a lançar a carreira de um dos seus astros favoritos, Stevie Wonder, mas também

2 - "Deck the halls" é uma tradicional canção natalina nos Estados Unidos, assim como "Hark! The herald angels sing".

fez a mesma coisa, por meio do YouTube, pelo próximo artista desta noite. Como Vossa Excelência, senhor presidente, este jovem também tem muitos fãs tentando apertar a mão dele sem permissão. Senhoras e senhores, a atual sensação da música pop – Justin Bieber!" E o rapaz surgiu no palco.

Ficou claro que Justin se sentia nervoso, como ele mesmo reconheceu depois no YouTube: "Foi uma honra incrível, e eu estava realmente nervoso. Você pode dizer por minhas mãos, eu não sabia o que fazer com elas... Mas quero afirmar mais uma vez que tudo isso aconteceu graças aos vídeos do YouTube e aos fãs como vocês. Todos vocês mudaram minha vida pra sempre e continuam fazendo isso, mudando minha vida graças ao apoio que me dão diariamente. Sou muito grato, espero que vocês aproveitem este vídeo e saibam que eu desejo a todos um Feliz Natal e um ótimo Ano Novo. Obrigado novamente. Os melhores votos pra vocês e suas famílias".

Apesar dos nervos à flor da pele, Justin cantou brilhantemente, acompanhado pelo coro. Com camisa e gravata sob um blusão elegante, sua imagem era bem diferente da usual, de quem sempre usa street wear, mas a roupa estava mais do que adequada para a ocasião. A plateia aplaudiu com entusiasmo ao final da canção, e Justin acenou, dizendo simplesmente: "Muito obrigado".

Quando o final do concerto se aproximava, o presidente Obama se dirigiu a todos os presentes. Durante sua fala, ele pronunciou errado o sobrenome de Justin: "Obrigado a todos esses artistas incríveis... Rob Thomas, Usher e Justin Bei-ber... Bíber!" O público riu bastante, mas Obama se recuperou rapidamente de seu erro ao brincar com Justin: "Ele acaba de ser descoberto".

O presidente continuou seu discurso, apresentando a última música da noite: “Nesta época do ano, comemoramos o momento sagrado, o nascimento de uma criança, a mensagem de amor que é pregada ao mundo todo”, disse ele, com a primeira-dama, Michelle, a seu lado. “Mais de 2 mil anos depois, esse espírito de fraternidade ainda continua a nos influenciar” Então, eles permaneceram no palco para se juntar ao coro em uma versão de “Hark! The herald angels sing”.

Que honra e alegria para Justin ter feito parte dessa noite extraordinária! Foi o ápice de 72 horas surpreendentes para ele, período no qual o jovem fez cinco apresentações distintas em diferentes partes dos Estados Unidos. Mas sua apresentação para o presidente e para a primeira-dama foi muito especial – nenhuma outra glória pode ser maior do que isso.

Justin teve outro momento de orgulho em fevereiro de 2010, quando foi convidado a participar de um single cuja venda seria revertida para fins beneficentes. Mais de 80 pop stars de primeira linha participaram da gravação de uma canção em homenagem às vítimas do terremoto no Haiti. A música escolhida foi “We are the world”, que tinha sido gravada 25 anos antes, como parte da ajuda humanitária às comunidades assoladas pela fome na África. Na versão original, o lendário cantor e compositor Lionel Richie cantou os versos de abertura. Dessa vez, os mesmos versos foram cantados por Justin: “Essa experiência foi empolgante e maravilhosa”, disse ele depois.

Nesse meio-tempo, o jovem ídolo também tinha começado a experimentar a carreira de ator. Ele apareceu no seriado *True Jackson, VP*, uma sitcom da tevê americana que se passa no mundo da moda, exibido no canal Nickelodeon e estrelado por Keke Palmer.

No dia em que começou a filmar sua participação, Justin tuitou: "Estou no set de filmagens de 'True Jackson' em Los Angeles, e Keke é muito legal". Quanto à atriz, ela escreveu em sua página no MySpace: "Foi muito bom passar um tempo das filmagens com Justin Bieber. Ele é muito talentoso e um menino tão doce! Tenho certeza de que irá muito longe em sua carreira. Justin será o astro convidado em um episódio que ainda está sendo gravado e vou manter vocês todos informados, mas é claro que a Nickelodeon vai colocar no ar um monte de anúncios promocionais bem antes, anunciando quando o episódio irá ao ar. Vai ser algo muito especial e vocês não podem perder!"

Justin também fez uma breve aparição em um episódio de *Silent Library*, da MTV, e no filme *School Gyrls*.

Em janeiro de 2010, ele lançou outro single, "Baby". Justin se envolveu na composição dessa música, que tem um refrão realmente fácil de lembrar. A gravação ainda traz um rap do astro do hip hop, Ludacris. "[Ludacris e eu] moramos os dois em Atlanta", explicou Justin quando foi perguntado como essa colaboração acabou acontecendo. "Eu conheci Ludacris um ano antes de gravarmos juntos, e a gente achou que essa participação de agora tinha tudo a ver com ele, então o convidamos."

Ludacris não precisou de muita insistência para participar da gravação: "Logo que ouvi a música, percebi que seria um sucesso, e a única coisa que precisei fazer foi descobrir como eu poderia participar de um disco com um garoto de 15 anos de idade", disse ele. "Então eu me sentei e disse: 'Hum, deixe-me relembrar o passado', e foi basicamente desse jeito que me envolvi na gravação. E eu garanto a vocês, marquem minhas palavras, esta vai ser uma das melhores canções do ano."

Os críticos ficaram impressionados. Bill Lamb, da about.com, chamou a música de "o melhor veículo até agora para a voz doce e comovente de Justin Bieber, e sua ascensão nos gráficos de vendas reflete, em última instância, esse fato". Melanie Bertoldi, da *Billboard*, também previu que a canção seria um grande sucesso nas paradas. "O refrão ritmado e inegavelmente contagiante deverá satisfazer as fãs de Bieber, e a pequena participação de Ludacris adiciona um mais do que bem-vindo toque urbano. Essa combinação acrescenta uma camada de maturidade ao repertório do jovem cantor e deve consolidar sua crescente presença nas paradas."

"Baby" foi realmente um sucesso, alcançando o Top 5 nos Estados Unidos, no Canadá e no Reino Unido. Também esteve entre as dez mais vendidas em outros países, como França, Nova Zelândia e Irlanda. Justin foi muito feliz por ter o rap de Ludacris na faixa, mas disse que não tinha planos de ele mesmo tentar fazer esse tipo de coisa: "Não, não mesmo, sem chance".

O clipe da música foi gravado em Los Angeles, e Justin explica sua trama básica. "Ele começa, e eu realmente gosto dessa garota, mas a gente não consegue se entender, a gente não tem como ficar junto", disse ele. "Basicamente, eu a quero de volta e estou disposto a fazer tudo pra isso. Eu a persigo, tento a todo custo chegar até ela, e a garota está jogando duro, meio que dificultando as coisas. Mas eu sou um cara persistente e continuo tentando." Justin compara o filme ao vídeo que Michael Jackson fez para "The way you make me feel".

Assim como sua parte no vídeo mostra um jovem persistente e agradável e que procura atingir seu objetivo a todo custo, Justin é muito persistente na vida real. Isso explica em parte o enorme sucesso de que tem desfrutado. Mas, como já vimos, o sucesso tem altos e baixos.

Justin parece desencadear a histeria por onde passa, e em março de 2010 houve um infeliz lembrete das cenas perturbadoras ocorridas em Long Island, quando ele voou para Filadélfia. Ele havia sido convidado para uma entrevista em uma estação de rádio local e, enquanto ainda estava no estúdio, centenas de fãs agitadas cercaram a saída do prédio, na esperança de dar uma olhada em seu ídolo.

Apesar de todos os esforços para manter a situação sob controle, no instante em que Justin apareceu o caos se instalou: suas admiradoras lançaram-se repentinamente em sua direção. Testemunhas relatam que algumas das meninas agarraram o jovem astro e puxaram seu cabelo. Outras disseram que Justin lidou com aquela situação assustadora com calma e maturidade.

Consciente do perigo que passara a cercar suas aparições públicas, Justin decidiu em determinadas ocasiões fazer certos sacrifícios pessoais a fim de garantir algum tipo de controle em nome da segurança. Houve uma festa da qual ele participou no boliche Lucky Strike, em Nova York, em março, mas ele foi embora antes da hora, logo depois de ter sido avisado de que havia uma multidão de fãs descendo as ruas em direção ao local, o que poderia causar pânico e prejuízos. "Ele queria ter ficado para jogar um pouco, mas o pessoal da sua segurança não pretendia correr nenhum risco", disse um porta-voz ao *New York Post*. Justin e sua comitiva calmamente escaparam para o famoso Eldridge Hotel, onde pediram hambúrgueres e batatas fritas nos quartos para todo mundo da equipe.

Sempre cuidadoso e preocupado com as pessoas, quando Justin percebeu que muitos dos membros de seu staff tinham deixado comida nos pratos e bandejas, decidiu que iriam entregar tudo em um abrigo para moradores de rua. Graças a algumas decisões sensatas, Justin e sua equipe impediram um possível desastre – e, logo em seguida, conseguiram reverter a situação em ajuda às pessoas menos favorecidas.

No entanto, devido a sua fama e aos compromissos que a popularidade exigia dele, não demorou muito para que Justin fosse colocado à prova novamente. A questão da segurança veio quando Justin estava prestes a fazer um rápido show ao vivo no início da manhã em Sidney, na Austrália.

O evento foi programado para ocorrer na área do famoso porto da cidade a partir das 7h40 da manhã, mas os fãs começaram a chegar na noite anterior, acampando por ali. Então, correu um boato de que Justin tinha chegado mais cedo, o que causou uma nova onda de fãs chegando por volta das duas da madrugada. A multidão foi crescendo e crescendo.

Nas horas seguintes, surgiram notícias de que algumas meninas foram esmagadas ou pisoteadas pela multidão enquanto aguardavam Justin. Alguns relatos davam conta de que as barreiras montadas pela polícia foram derrubadas e que pelo menos dez fãs tinham desmaiado por conta desse acidente. Uma das garotas foi levada ao hospital porque fraturou a patela. "Estou vendo um grande número de meninas lá embaixo sozinhas, sem os pais. E isso é uma coisa que eu questionaria, deixar crianças sozinhas nesta multidão", disse um policial.

Temerosa de que uma verdadeira tragédia pudesse ocorrer, a polícia determinou que o show fosse cancelado. "A polícia ordenou que um show planejado para acontecer nesta manhã fosse cancelado, depois de saber que várias garotas precisaram de atendimento médico por causa de ferimentos sofridos quando foram esmagadas pela multidão", dizia uma declaração oficial das autoridades. "A polícia estava preocupada com as 4 mil pessoas presentes no local, e com muito mais pessoas sendo esperadas no horário da apresentação. A polícia também pediu que as pessoas evitem a área para prevenir mais congestionamentos no trânsito e também pela possibilidade de ocorrerem novos ferimentos nas pessoas já presentes."

Quando Justin acordou naquela manhã, ficou surpreso e decepcionado ao ser informado do cancelamento do concerto, embora sempre tenha apoiado qualquer medida que garantisse a segurança de seus fãs. Quando o cancelamento do show foi anunciado, vários fãs irritados causaram confusão nas ruas de Sidney, e os policiais tiveram trabalho para controlá-los.

Justin ficou muito chateado, exatamente da mesma forma como ficara depois do ocorrido em Long Island. Ele sabia que haveria uma mágoa generalizada sobre o que acabara de acontecer em Sidney, por isso decidiu se comunicar imediatamente com seus leais fãs pelo Twitter: "Estou muito desapontado, como todo mundo. Acordei hoje cedo com a polícia cancelando o show por motivos de segurança. Eu amo todos vocês. Eu amo a Austrália e só quero cantar".

Logo depois, ele já estava viajando para a Nova Zelândia a fim de fazer uma apresentação na tevê e para comparecer a uma escola que havia ganhado sua visita em um concurso. "NOVA ZELÂNDIA, estamos chegando!", anunciou ele no Twitter. Como as garotas da nação começavam a ficar animadas com o que estava para acontecer, a equipe de Justin torcia para que a visita acontecesse sem nenhum problema.

Justin lembrou a todos que a segurança de seus fãs era sua prioridade. "Estou muito feliz com as boas-vindas e com o amor de todo mundo, mas quero que todos ainda se lembrem de que a segurança de meus fãs vem em primeiro lugar..." Enquanto isso, os funcionários do aeroporto de Auckland anunciaram que medidas especiais de segurança seriam colocadas em prática para a chegada de Justin.

Se Justin achava difícil acreditar no turbilhão de emoções que gerava aonde quer que fosse, imaginem então sua mãe. Ela estava impressionada com o quanto as fãs de Justin ficavam agressivas e nervosas. Algumas vezes, não eram apenas as fãs que se comportavam assim, mas a mãe delas também! "E as mães são as piores", comentou Pattie. Durante o tumulto no aeroporto de Auckland, ela foi derrubada na confusão.

Para Justin, que ama demais sua mãe, aquilo foi extremamente perturbador. Durante essa loucura, Justin também teve o boné roubado por uma de suas "fãs". Ao mesmo tempo em que o empurra-empurra aumentava, grande parte das fãs de Justin começou a ficar sufocada, com tonturas e palpitações. "Ai, Deus, como ele é lindo! Não acredito que consegui ver o Justin!", disse uma delas aos repórteres. Muitas pintaram dizeres no rosto, do tipo "I love Bieber!" Enquanto isso, a menina que havia roubado o boné afirmava para todo mundo que iria para a cama com Justin.

O jovem astro tuitou para seus seguidores, falando de sua frustração em relação ao incidente: "Finalmente cheguei à Nova Zelândia ontem à noite. O aeroporto estava uma loucura. Estou chateado porque roubaram meu boné e derrubaram minha mãe no chão. Qual é, caras?" Esse é um assunto difícil para Justin lidar.

Ele adora seus fãs e tem orgulho da maneira como seus admiradores se dedicam a ele; e nunca gostaria de sentir raiva deles – mas existia uma linha invisível que, se ultrapassada, o faria perder a paciência, principalmente se o problema ou o desgosto envolvesse sua mãe. "Não fiquei feliz por terem roubado meu boné e derrubado minha mãe. Por favor, gente. Eu quero dar autógrafos, tirar fotos e conhecer minhas fãs. Mas, se vocês ficarem empurrando, a segurança não vai me deixar fazer isso. Vamos manter a segurança e nos divertir", escreveu Bieber no Twitter.

Quanto a Pattie, ela ficou abalada por ter sido derrubada pela multidão, mas depois tuitou para seus próprios seguidores: "Obrigada por todo o apoio! Eu estou bem, obrigada!"

Mais tarde, Justin recebeu seu boné de volta: "Recuperei meu boné", postou ele no Twitter. "Sem abraços. Sem agradecimentos. Estou muito feliz por terem feito a coisa certa. Roubo é imperdoável."

JB

Assim que se viu livre do caos no aeroporto, Justin conseguiu finalmente cumprir os compromissos agendados para a viagem à Nova Zelândia. Numa entrevista para o programa de tevê *Select Live*, uma das perguntas foi sobre como seria a garota ideal. "Estou procurando uma menina que seja divertida, me faça rir, uma garota com a cabeça no lugar, que tenha um belo sorriso e que saiba cozinhar, porque eu não sei...", respondeu ele.

Quando ele foi cumprir sua agenda na escola que ganhou o prêmio no concurso "Uma visita de Justin Bieber", chamada Strathallan High School, em Auckland, ele se sentou no chão para assistir à aula de música. "E o que a gente vai tocar? Alguma música de Ozzy Osbourne ou do Led Zeppelin?", perguntou. As crianças responderam que a canção que iriam aprender se chamava "Rain", da banda local Dragon. "Oh, essa eu não conheço", disse.

Mas as fãs que estavam lá para vê-lo definitivamente o conheciam! Elas ficaram extasiadas ao ver o ídolo tão de perto. "Fiquei sem palavras quando o vi pela primeira vez", disse mais tarde uma aluna de 15 anos. "Não acredito como ele pode ser tão bonito. Fiquei o tempo todo hipnotizada, só olhando pra ele!"

Enquanto estava na Nova Zelândia, Justin conseguiu arranjar tempo para fazer um salto de bungee jump – ele gosta de viver perigosamente! "Saltei de bungee jump esta manhã. Na primeira vez, fiquei com um pouco de medo, por isso na segunda vez eu fui de costas", relatou ele. Vestindo uma roupa inteiramente preta e preso por um equipamento amarelo brilhante, Justin parecia mais uma abelha, mas tudo bem. Ele adorou a adrenalina daquele momento.

Outro evento foi cancelado quando Justin viajou para a Europa. Uma aparição em Paris precisou ser interrompida quando muitas fãs se aglomeraram para vê-lo. "Lamento por todas as fãs que não consegui atender", tuitou ele depois. "Eu amo todas vocês pelo apoio que me dão." No rastro do caos na Nova Zelândia e em outros lugares, Justin foi questionado se a obsessão de suas admiradoras não poderia ter saído do controle. Ele respondeu ao entrevistador da CNN que não concordava com quem dizia que suas fãs eram "obcecadas demais". E acrescentou: "Não, sabe, acho que meus fãs me dão muito apoio e estou muito contente por ter admiradores tão fiéis".

Entretanto, ele admitiu que às vezes sente a pressão e fica com medo. "Quando eu estava em Seattle, uma garota saiu não sei de onde e tentou me abraçar, mas na verdade ela acabou se atracando comigo", contou ele à revista *Seventeen*. "Daquela vez, fiquei mesmo com medo."

Justin também reafirmou que continua a ser grato por todas as oportunidades que sua fama tem lhe proporcionado. "Tem sido incrível, e estou feliz por estar fazendo aquilo que eu amo", disse. "É muito legal viajar pelo mundo, e, como já disse, eu só faço aquilo que gosto de fazer." Ele tinha toda razão de se sentir orgulhoso e feliz, pois havia outro compromisso agendado com o presidente dos Estados Unidos logo em seguida.

8

Meus 16 anos

Os primeiros meses de 2010 viram Justin se tornar uma das celebridades mais discutidas do planeta. Não eram apenas seus admiradores que sabiam tudo sobre ele. As pessoas de todos os lugares do mundo estavam começando a se conscientizar sobre aquele garoto do Canadá que havia se lançado em uma carreira musical fenomenal a partir dos vídeos que postara no YouTube. A essa altura, Justin já tinha tido uma sequência de músicas de sucesso, já aparecera nos programas de televisão de maior audiência e provocara cenas de caos e multidões ensandecidas que lembravam aos mais velhos a "beatlemania", a onda de loucura que saudava a banda inglesa The Beatles por onde quer que ela passasse durante a década de 1960.

Tudo isso já seria bastante notável, mas o fato de ele ter apenas 16 anos, completados em março, fazia essas conquistas irem além do surpreendente. Se Justin já obtivera tal sucesso antes mesmo de fazer 16 anos, imagine-se então o que poderia estar esperando por ele no futuro. Ou Justin seria uma daquelas estrelas pop "fogo de palha", a tão rapidamente esquecida pelos fãs quanto fora adorada por eles?

No momento em que ele comemorava seu aniversário, todas as indicações foram de que a primeira hipótese se tornaria realidade e que Justin iria construir uma carreira duradoura e de enorme sucesso. Sua festa foi divertida, com a presença de seu mentor, Usher. Entre as inúmeras atividades programadas, houve jogos de basquete e de paintball, uma luta de sumô e jogos de laser tag. No meio da festa, Usher deu seu presente a Justin: "Ele me comprou uma Range Rover", revelou o jovem astro a *Live On Studio Five*. "Agora eu já posso dirigir."

Em outra entrevista, ele revelou que, antes de se tornar um famoso astro da música pop, uma de suas possíveis carreiras seria tornar-se mecânico – isso ele contou no programa de entrevistas de Jay Leno.

No mesmo mês em que fez 16 anos, Justin lançou a segunda parte de seu álbum de estreia. *My world 2.0* chegou às lojas em meados do mês. Começando com a alegre "Baby", seguida pela enérgica "Somebody to love" e pela linda balada "U smile", o resultado é um trabalho maravilhoso. "Eu quero agradecer a vocês por tudo", disse ele em um vídeo do YouTube que marcou o lançamento. Novamente, houve um concurso do tipo bilhete dourado: "Não deixe de comprar seu CD", disse Justin, "e muito obrigado."

Um programa da MTV, *The Diary of Justin Bieber*, ajudou ainda mais a difundir a figura do jovem ídolo entre os adolescentes.

Esse programa mostrava cenas de bastidores, retratando o mundo cheio de glamour – mas às vezes bastante louco – em que Justin vive. "Tenha cuidado", disse ele, "porque as coisas podem ficar fora do controle."

As câmeras seguiam o rapaz na capital da França, Paris, onde seu gerente de turnês, Kenny, foi mostrado tentando convencer Justin a acordar e a levantar da cama para que eles pudessem começar a trabalhar logo. Os espectadores então puderam ver o astro fazendo seu famoso penteado no banheiro do quarto do hotel. Logo a seguir, sua professora durante as viagens, Jenny, lhe dava uma aula. Com uma combinação de pegadinhas, trabalho e lazer durante a viagem de Justin, o programa se tornou um divertido olhar sobre seu mundo enquanto o pop star promovia *My world 2.0*. Justin ainda foi mostrado trocando palavras tensas com a mãe enquanto eram levados para uma apresentação. "Ela tem que entender que eu ainda tenho 15 anos", ele explicou depois, numa conversa direta com a câmera. Foi um programa interessante e divertido para os telespectadores. Para Justin, foi uma ótima maneira de divulgar seu mais recente lançamento.

JB

Os dois singles seguintes de *My world 2.0* foram "U smile" e "Somebody to love". Bieber ajudou a escrever "U smile", uma canção doce e lenta que dá ao ouvinte a sensação de que está em harmonia com Justin e que é uma parte importante de seu mundo.

"Na verdade, escrevi essa canção para todos os fãs que me ajudaram a chegar até aqui", contou Justin. O about.com ficou muito bem impressionado com a música, dizendo que "U smile" é "uma garantia de emoções ternas e indistintas em milhões de fãs adolescentes". Ao mesmo tempo, a *Billboard* achava que a música teria um apelo muito mais amplo do que esse, argumentando que ela deveria "agradar aos ouvintes um pouco mais velhos do que isso". O novo single de Justin chegou à 17ª posição nas paradas de sucesso do Canadá.

"Somebody to love" foi lançada em junho. A canção tinha sido originalmente gravada em forma de demo por Usher, antes de ser produzida e lançada mais tarde por Justin. Os vocais principais são do jovem, com Usher nos vocais de apoio. O site da BBC fez elogios calorosos ao lançamento, descrevendo a canção como "um apelo direto a um amigo e confidente; ela diz coisas que todos nós sentimos". O clipe mostra Justin dançando ao lado de bailarinos de primeira qualidade. No final das filmagens, quando Justin dança ao lado de Usher, ele comenta sobre seu mentor: "Ele tentou me mostrar como se faz, mas quem mostrou pra ele fui eu!"

Justin se apresentou novamente para o presidente dos Estados Unidos no domingo de Páscoa na Casa Branca. Esse evento anual se realiza no gramado da mansão presidencial para crianças e seus pais. Trajando camiseta castanho avermelhada e calça jeans justa preta, Justin subiu ao palco com mais confiança do que pudemos observar em sua apresentação presidencial anterior. Para o evento de 2010, o presidente Obama escolheu o tema "Ready, Set, Go" (Atenção, preparar, partir!) para essa festa de Páscoa, a fim de promover "a saúde e o bem-estar".

A esposa do presidente, Michelle Obama, apresentou Justin: "Agora a gente vai passar para a etapa musical do dia e vocês vão poder ter mais um pouco de diversão. Vocês conhecem

Justin Bieber? Alguém aqui já ouviu falar de Justin Bieber? Bem, aqui está ele!" Justin mostrou que estava em ótima forma naquele dia. Ele fez uma apresentação no gramado sul da Casa Branca com canções fabulosas, incluindo o grande sucesso "One time". "Que plateia legal", disse ele durante o intervalo. "É, estão muito animados aqui!", concordou um dos músicos de sua banda. "Ei, caras, quem aí acha que hoje está sendo um dia maravilhoso? Não é um dia lindo? Daqui de cima consigo ver que todo mundo está sorrindo. Então, é o momento certo pra gente tocar minha nova canção, 'U smile'."

Ainda havia mais diversão a caminho. Ele cantou o rap "Walk this way", tremendo sucesso da banda nova-iorquina de hip hop Run-DMC na década de 1980, depois regravada pelo Aerosmith, que a trouxe de volta ao primeiro plano do cenário do rock. Justin ainda fez um caloroso solo de bateria e saltou depois para a frente do palco, saudando o público: "E aí, estão prontos?" E todos aplaudiram com entusiasmo quando ele tocou seu mais recente sucesso, "Baby".

"Muito obrigado a todos", disse ele, quando a música chegou ao seu fim espetacular. Que dia sensacional tinha sido aquele. Entre outros artistas que se apresentaram, estava o elenco da série de tevê *Glee*. Quem realmente abriu as festividades foi Amber Riley, que cantou o Hino Nacional americano sozinha.

Justin estava tranquilo quando relembrou as festividades daquele dia. "Bem, a gente foi pra Washington e cantou para o presidente", disse ele casualmente ao *MTV News*. "Foi ótimo", ele acrescentou. "[Obama] foi muito legal, muito simpático, e eu estava feliz por estar lá. Conhecemos os dois, tiramos fotos com eles. Eu tirei fotos com a primeira-dama."

No Twitter, mais tarde, Justin escreveu novamente sobre o mais recente encontro com o presidente. "A primeira vez que o encontrei foi há uns dois ou três meses, sei lá", disse Bieber. "Quando ele me apresentou para a plateia daquela vez, falou 'Justin Bye-ber'. Eu fui me encontrar com ele no Salão Oval, foi muito louco, porque ninguém consegue entrar lá", disse ele. "Mas foi incrível. Eu tirei fotos com o presidente." Justin continuou: "Eu tinha que fazer um tour pela Casa Branca e tirar uma foto com essa família. Eles são mesmo muito legais e a gente se divertiu de montão. Mas, depois de três apresentações debaixo de sol quente, fiquei completamente desidratado e quase desmaiei depois da última... precisava beber água", continuou. "Obrigado a todos... Foi uma experiência incrível, e eu sou muito grato por ter tido essa honra. Obrigado a todos os fãs."

Abril foi um mês maravilhoso para Justin. Estavam acontecendo tantas coisas emocionantes que ele mal podia dar conta de tudo sozinho! Foi também nesse mês que justin fez história, quando se tornou o mais jovem artista solo masculino a alcançar o primeiro lugar na parada Top 200 da *Billboard* desde Stevie Wonder. O lançamento de *My world 2.0* conseguiu a primeira posição enquanto seu disco de estreia, *My world*, continuava entre os cinco primeiros, fazendo dele o mais jovem cantor do sexo masculino a conseguir tal feito. "Cara, acordei com umas notícias incríveis... Como é que vamos comemorar?", postou Justin no Twitter. "NÓS CONSEGUIMOS! DEVO TUDO A VOCÊS! VALEU!"

Outro momento emocionante para Justin veio quando ele apareceu no lendário programa de entretenimento da tevê americana *Saturday Night Live*. Ele cantou "Baby"e "U smile", além de aparecer em um pequeno quadro cômico ao lado da humorista Tina Fey. "Nunca vou esquecer esse dia, foi incrível!", Justin tuitou mais tarde. "Obrigado pela oportunidade e obrigado a todos no SNL e a Tina Fey por serem tão divertidos." O site Showbiz Spy alegou que alguns olheiros dentro do programa contaram que eles achavam que Justin tinha uma queda por Fey. "Justin sofre de um caso sério de amor adolescente. Ele seguiu Tina Fey pelos bastidores como um labrador", disseram suas fontes.

Com o crescente sucesso fazendo de Justin não apenas um astro, mas um superastro, o jovem teve que enfrentar a enorme desvantagem da fama – a atenção desmesurada e o olhar implacável da mídia, que segue todos os seus passos. Por exemplo, uma brincadeira que Justin fez sobre um membro de sua equipe iria assombrar os dois. "Eu tenho um 'swagger coach'[3], que me ajuda a andar de um jeito legal e muitas outras coisas diferentes e 'malandras'", disse ele uma vez. Justin se referia a um homem chamado Ryan Good, cujo título oficial na equipe era o de "coordenador da turnê" ("road manager"). Ryan, que antes era um dos assistentes de Usher, descreveu o rapaz como "Um cara talentoso, com uma personalidade do tamanho do mundo". Ele explicou como veio a trabalhar com Justin: "Usher achou que eu poderia ser uma boa influência para ele – tipo uma influência legal, você sabe, positiva". Ryan acrescentou que o fato de haver pessoas orientando uma estrela pop não é nada fora do comum. "Tem um monte de artistas que passam por uma espécie de 'campo de treinamento de cultura e refina-

3 - "Swagger coach" é o profissional incumbido de ensinar a arte de andar com malandragem.

mento'", explicou. "E Justin é como uma esponja, um garoto brilhante. Mas ele só tem 15 anos."

Como a mídia começou a descrever Ryan como o "swagger coach" do jovem astro, tanto ele quanto Justin ficaram um pouco envergonhados com essa referência. No final do ano, acabaram surgindo manchetes ainda mais desconfortáveis para o rapaz, quando se espalharam boatos de que ele havia se comportado mal durante uma entrevista para a *Radio 1 Big Weekend,* na Inglaterra, e que havia dito palavrões para o funcionário de um programa de tevê na Austrália.

Justin ficou chateado com essas histórias, que ele afirma serem imprecisas. Como ele usava o Twitter para contar novidades, aproveitou para contar sua versão da história diretamente aos fãs. "A oportunidade de passar um tempo de folga com minha mãe não podia ter surgido numa hora melhor," escreveu, depois dos boatos. "Eu fui educado para respeitar os outros e para não fazer fofocas... E nem a responder com raiva a essas fofocas. Meus amigos, minha família e meus fãs sabem como eu sou. Acho que faz parte de meu trabalho ouvir adultos espalhando mentiras e boatos. Então vamos todos continuar sorrindo... Nós somos abençoados e eu continuo agradecido a vocês pela oportunidade que me deram de fazer o que gosto."

Depois de ter trabalhado tanto e de ser tão bem-sucedido em construir uma base de seguidores desse tamanho – com mais de 3 milhões no momento em que este livro está sendo escrito –, Justin faz jus a essa ferramenta poderosa e instantânea à sua disposição para contar o seu lado da história toda. Em outro exemplo, ele por duas vezes foi vítima de boatos dizendo que tinha morrido, e nas duas vezes usou seu Twitter para desmenti-los. Na verdade, ele deverá enfrentar histórias e boatos desagradáveis muitas vezes no futuro. Todas as celebridades passam por isso, mas pelo menos Justin pode estar certo de que poderá responder a tudo isso bem rapidamente.

Sua popularidade no Twitter fez com que, durante muitos meses, seu nome estivesse sempre no topo do "Trending Topics", o que significa que "Justin Bieber" foi uma das frases mais digitadas no micro blog. Em maio de 2010, os proprietários do Twitter mudaram sua programação, de forma a priorizar palavras e frases que gozem de súbita popularidade, e isso foi feito à custa de termos – como Justin Bieber – que são tuitados em grande volume, mas de forma constante. Como consequência dessa mudança na programação, seu nome desapareceu dos "Trending Topics", mas o simples fato de o Twitter ter sentido a necessidade de fazer essa modificação foi um tributo ao fenomenal sucesso de Justin.

Ainda assim, os fãs de Justin não estavam dispostos a ser enganados pelo Twitter tão facilmente. Eles começaram a tuitar "Bustin Jieber" – o nome e sobrenome de Justin com as primeiras letras trocadas –, e isso se tornou rapidamente uma tendência. Não é fácil deixar os admiradores de Justin abatidos por muito tempo. O jovem ficou tocado e achou esse gesto, além de tudo, muito divertido.

Em maio, seu prestígio foi mais uma vez confirmado quando recebeu o convite para aparecer no programa de Oprah Winfrey, chamado simplesmente de *Oprah*, um dos mais importantes programas de entrevistas de todos os tempos e o mais antigo dos Estados Unidos. "O programa de hoje é dedicado a todos aqueles que já cantaram na frente de um espelho, fingindo que a escova de cabelo era um microfone e que estava se apresentando no palco para milhões de pessoas", disse ela na introdução. Justin tocava nas mãos das meninas na plateia enquanto caminhava em direção a Oprah, para se juntar a ela no palco. Quando chegou perto da famosa apresentadora, os dois se abraçaram com carinho. As meninas na plateia gritavam e choravam, para incredulidade da apresentadora. "Tudo bem", ela disse para as garotas. "Nós podemos conversar aqui, agora?"

Eles falaram sobre a ascensão de Justin e como ele se sentia tendo sua vida bem no centro das atenções. Pattie e Scooter Braun também estavam na plateia, e ela comentou sobre como se sentia em relação ao filho. Justin confirmou que a mãe o ajudava a manter os pés no chão e que confiscava seu celular se não se comportasse direito. Além disso, ele cantou o sucesso "Baby", para deleite das meninas da plateia.

Coroando uma apresentação maravilhosa, ele terminou a música na bateria, com um tremendo solo. Justin sorriu de forma simpática e trocou saudações com Oprah. As apresentações na televisão não costumam ser muito melhores do que essa, por isso ele se manteve confiante todo o tempo. "Foi ótimo", disse ele nos bastidores assim que sua parte no programa foi concluída.

Em junho de 2009, enquanto se preparava para sua primeira turnê mundial, a popularidade de Justin não mostrou nenhum sinal de declínio. Na verdade, a agitação em torno dele e de seu nome estava se intensificando. Quando foi fotografado ao lado da glamourosa *socialite* Kim Kardashian numa praia nas Bahamas, Justin acabou sendo lembrado sobre quão intensos podem ser os sentimentos de suas fãs por ele. "Olha, esta é minha namorada", foi o que ele tuitou em referência às fotografias.

Ele pretendia que fosse uma brincadeira, mas algumas fãs não viram nenhuma graça naquilo. Muitas delas bombardearam Kardashian com mensagens de ódio no Twitter. Dizem até que algumas dessas mensagens desagradáveis incluíam ameaças de morte. "Eu estava recebendo mensagens malucas de todas as beliebers do mundo", contou Kim mais tarde à revista *Us*. Então a *socialite* perguntou a Justin se ele conseguiria fazer suas fãs pararem de ameaçá-la. "Meninas, por favor, se acalmem", Justin pediu em sua página no Twitter. "@kimkardashian é uma amiga, uma amiga muito *sexy,* mas uma amiga, vocês não precisam ameaçá-la." Ao mesmo tempo em que Justin ajusta o nível de intensidade com que suas fãs reagem a ele, também está aprendendo a reagir de forma responsável às situações mais loucas. Seja cancelando um show em nome da segurança de suas fãs, ou dando uma bronca geral porque sua mãe foi derrubada pela multidão em um aeroporto, ou ainda reclamando que sua amiga vinha recebendo ameaças, Justin sempre tentará reagir do modo certo. Afinal, ele sabe que a grande maioria de suas admiradoras é de meninas gentis que nunca fariam nada para perturbá-lo ou a qualquer outra pessoa.

À medida que Justin se encaminha para o futuro, leva uma vida tumultuada, mas nem por isso menos divertida. Ele trabalha muito e faz sempre inúmeros sacrifícios, mas, em contrapartida, é bajulado, e sua fama e fortuna continuam aumentando. O que houve nos últimos dois anos é que, simplesmente, Justin Bieber não viveu como um adolescente normal.

Nem é muito provável que a sua vida venha a se tornar minimamente parecida com a de um simples mortal num futuro próximo. Aqueles que rodeiam o jovem no ambiente de trabalho são muito mais velhos do que ele, e isso lhe deu um ponto de vista bastante interessante sobre o que significa crescer. "Eu passo a maior parte de meu dia com adultos", comentou Justin sobre sua atual equipe. "É legal às vezes, mas outras vezes eu preferiria estar com os amigos da minha idade. Ao mesmo tempo, isso me faz amadurecer um pouco mais rápido. Acho que ainda me comporto de um jeito imaturo algumas vezes, por isso tento não pensar que eu sou o máximo." Entretanto, muitos dos fofoqueiros de plantão tentaram pintá-lo como um garoto arrogante e mal comportado, quando todas as evidências apontam para um Justin doce e generoso.

Não se pode negar que ele é extremamente popular. Muitas pessoas ao redor do mundo assistiram com grande surpresa ao crescimento de sua popularidade. E eles têm razão em ficar surpresos; o próprio Justin ficou chocado como todo mundo. "Eu realmente não consigo entender isso, porque nunca tive um ídolo pelo qual fosse tão fanático assim", comentou ele sobre a devoção de suas fãs. "O que eu tento fazer é que tudo seja o mais divertido possível pra elas. Para algumas dessas meninas, esse pode ser o único momento em que elas terão pra me encontrar." Nesse sentido, Justin é muito diferente de outros astros juvenis.

Vamos tomar como exemplo algumas jovens estrelas do esporte. Na maioria dos casos, esses garotos e garotas cresceram idolatrando outros astros do esporte, e assim, quando eles passam a ser idolatrados por suas incríveis habilidades, os jovens astros sabem muito bem como é ter como herói um atleta habilidoso. Justin, no entanto, foi obrigado a se ajustar para ser o foco desses sentimentos, uma vez que não teve o mesmo ponto de referência no próprio passado.

A maneira como ele se adaptou tão bem à fama foi uma agradável surpresa . "É como se Justin já estivesse por aqui antes", disse Usher. "Embora ele tenha apenas 16 anos, quando você conversa com ele é como se estivesse falando com um jovem bastante experiente. É quase como se ele já houvesse traçado em sua mente como a sua história poderia se desenrolar, e cabe a nós navegarmos com ele por esse caminho." Esse "navegar" significa que – de algumas maneiras – Justin cresceu mais rápido do que outras crianças.

No entanto, ele ainda pode ser um menino muito brincalhão. Nos bastidores de um programa de tevê no qual iria aparecer, ele se divertiu ao esconder o celular de sua professora Jenny. "Justin, você pegou meu telefone?", perguntou ela, ao perceber que o celular tinha desaparecido. "Porque, se não tiver sido você, vou ser obrigada a cancelar meu número agora mesmo." Justin, a inocência em pessoa, respondeu: "Não, eu juro, não fui quem pegou!" Jenny não estava totalmente convencida: "Não sei não, hoje é 1º de abril... e ele é um garoto de 16 anos". Seu telefone apareceu mais tarde, mas Jenny nunca descobriu com absoluta certeza quem tinha sido o culpado.

Uma brincadeira de 1º de abril na qual Justin esteve envolvido apareceu no site de humor Funny or Die. "Tudo o que não é Bieber morre", disse ele no início da vídeo-pegadinha. "Eu sou um astro, eu faço tudo o que os astros fazem. Eu ando de iate e dou autógrafos na corcunda das velhinhas. E eu pago pessoas pra espancarem essas velhinhas. De vez em quando, não estou a fim de caminhar, então contrato uns caras grandões pra me carregar por aí. Falo alto nas bibliotecas e nado logo depois de almoçar. Não estou nem aí." E Justin continuou: "Então, lembre-se, este é o mundo de Bieber. Você vive nele. Bieber ou morra".

Ele sempre teve senso de humor. Justin é simplesmente muito cheio de vida e com tanta vontade de se divertir que não consegue ficar triste por muito tempo. Mesmo naqueles raros momentos em que precisa de uma conversa pra levantar o moral, o jovem está rodeado de pessoas mais do que dispostas e aparelhadas para lhe dar assistência. Sua mãe está sempre por perto, e de vez em quando o pai o acompanha em algumas turnês. Mesmo os membros da equipe que não estão ligados a ele por laços de parentesco sentem-se parte da família em certas ocasiões: "Tem vezes em que Justin parece um irmão mais novo, ou um filho, pra mim", disse Usher.

Com todo esse amor à sua volta, Justin dificilmente pode se dar mal. Mas quais são suas perspectivas de encontrar um tipo diferente de amor, de encontrar uma garota com quem compartilhar a vida?

Justin já comentou sobre o tipo de garota que gostaria de namorar. Ele disse à revista *People* que gostaria de encontrar uma menina com "lindos olhos, um sorriso bonito e que fosse divertida, porque todo mundo gosta de rir". Ele então acrescentou que não namorava havia três anos e admitiu que estava a fim de mudar isso, já que "Eu adoro as garotas!"

Mas a aparência não é tudo para Justin. Quando se trata de garotas, a personalidade é também muito importante. "Você pode ter a garota mais gostosa do mundo, mas se, no fim das contas, não conseguir sentar e levar um papo com ela, vai ser terrível", disse ele durante uma entrevista nos bastidores de Oprah, onde apareceria depois.

Justin é honesto em relação à sua vida pessoal, admite que uma vez tratou uma garota de um jeito do qual hoje se arrepende. "Uma vez eu terminei com uma garota por telefone – isso é horrível, não é?", foi o que afirmou à revista *Top of the Pops*. "A gente começou uma discussão pelo telefone e eu disse mais ou menos assim: 'Eu não quero mais ficar com você,' e ela chorou. A gente se viu depois daquilo e foi um pouco estranho, mas não somos inimigos agora; então isso é legal. Mas não recomendo esse tipo de atitude pra ninguém; agir assim é sacana demais."

Justin aprendeu muitas lições em sua vida, embora ainda seja jovem, mas existe uma pergunta que lhe é feita com bastante frequência: como ele pode cantar tanto sobre o amor se ainda nem saiu da adolescência? "Acho que você pode viver o amor em qualquer idade", insiste ele. "Mesmo que tenha 80 anos, ou cinco, você sempre vai... Eu não sei. Existe uma diferença entre amar e estar apaixonado, porque você pode amar alguém, mas não precisa estar necessariamente apaixonado. Então eu acho que amo as garotas, mas não sei – nunca estive apaixonado antes."

Ele agora terá que viver seus futuros romances diante dos olhos do público. Na verdade, todas as mudanças que ele atravessar enquanto amadurecer irão acontecer sob o brilho dos flashes. À medida que Justin ficar mais velho, que sua voz mudar e se desenvolver, ele terá que adaptar sua música para poder encaixar sua nova voz – ele já teve que mudar o arranjo de "Baby", porque já não consegue alcançar as notas mais altas da versão original. "Ela falha às vezes", comentou sobre sua voz. "Como qualquer adolescente, estou tendo que lidar com isso e por sorte tenho o melhor treinador vocal do mundo."

Ele também tem sonhos de manter colaborações futuras, incluindo Beyoncé e a estrela de hip hop Kanye West. Enquanto trabalha em seu novo álbum – que deve ser gravado em Nova York –, Justin está cheio de ideias para novos direcionamentos musicais. Ele tem trabalhado, com o cantor de soul britânico Taio Cruz, entre outros. Ambicioso, dedicado e cheio de energia, Justin não fica parado. Quaisquer que sejam as mudanças que faça em sua imagem e em seu som, a única coisa que felizmente deve permanecer é o charme único de Justin, que vem do fato de ser um garoto do interior com um sorriso doce e uma voz ainda mais doce, e que conseguiu o que tem graças aos vídeos caseiros postados no YouTube.

Então, aqui está um futuro brilhante à espera de Justin Bieber. Como o próprio jovem disse quando avaliou seu sucesso extraordinário: "De vez em quando eu penso: 'Uau'. Mas não sei. Eu não penso muito nisso, não. Acho melhor viver apenas um dia de cada vez".

Créditos das fotos

Página 1: Jeff Kravitz / FilmMagic / Getty Images (acima); BDG / Rex Features (abaixo)

Página 2: Sara Jaye / Rex Features

Página 3: Mark von Holden / WireImage / Getty Images (acima); Amanda Schwab / Rex Features (abaixo)

Página 4: Gilbert Carrasquillo / Rex Features

Página 5: Matt Crossick / EMPICS Entertainment / Press Association Images (acima & abaixo); Marco Secchi / Getty Images (centro, à direita)

Página 6: Lester Cohen / WireImage / Getty Images (ambos)

Página 7: Kevin Mazur / WireImage / Getty Images (acima); Gustavo Caballero / WireImage / Getty Images (centro); Jeff Daly / WENN.com (abaixo)

Página 8: Jason LaVeris / FilmMagic / Getty Images

Página 9: Gorassini Giancarlo / ABACA /Press Association Images (acima); Ray Tamarra / Getty Images (centro); Graham Denholm / Getty Images (abaixo)

Página 10: Dave Hogan / Getty Images (acima); Charles Sykes / Rex Features (abaixo)

Página 11: George Pimentel / WireImage / Getty Images (acima); Paul Morigi / WireImage / Getty Images (abaixo)

Página 12: Mathew Imaging / WireImage / Getty Images (acima); Stephen Lovekin / WireImage / Getty Images (abaixo)

Página 13: Splash News (acima & abaixo esquerda); Sandra Mu / Getty Images para Tourism NZ (abaixo, à direita)

Página 14: Sipa Press / Rex Features (acima); Jeff Kravitz / FilmMagic/ Getty Images (abaixo)

Página 15: Pichichi / Splash News (acima); Pete Mariner / Retna Pictures (abaixo)

Página 16: John R. Kennedy / Splash News

Sites selecionados

www.myspace.com/justinbieber
www.twitter.com/justinbieber
www.youtube.com/user/kidrauhl
www.facebook.com/justinbieber
www.twitter.com/biebermommy
www.twitter.com/scooterbraun
www.twitter.com/lordbieber

Bibliografia

Justin Bieber: the unauthorised biography, de Ronny Bloom, Sunbird 2010.
100% Justin Bieber: the unofficial biography, de Evie Parker, Bantam 2010
The Justin Bieber Annual 2011, de Tori Kosara, Buster Books 2010

Este livro foi impresso pela Prol Editora Gráfica para a Editora Prumo Ltda.